《道德经》中的圣人

韩金英 ◎ 著

团结出版社
UNITY PRESS

图书在版编目（ＣＩＰ）数据

　　道德经中的圣人 / 韩金英著. -- 北京 ： 团结出版
社，2016.1（2021.5 重印）
　　ISBN 978-7-5126-3908-9

　　Ⅰ. ①道… Ⅱ. ①韩… Ⅲ. ①道家②《道德经》—通
俗读物 Ⅳ. ①B223.1-49

　　中国版本图书馆 CIP 数据核字(2015)第 254901 号

出　　版：团结出版社
　　　　　（北京市东城区东皇城根南街 84 号　邮编：100006）
电　　话：（010）65228880　65244790　（出版社）
　　　　　（010）65238766　85113874　65133603（发行部）
　　　　　（010）65133603（邮购）
网　　址：http://www.tjpress.com
E-mail：zb65244790@vip.163.com
　　　　　tjcbsfxb@163.com（发行部邮购）
经　　销：全国新华书店
印　　装：天津盛辉印刷有限公司

开　　本：170mm×230mm　　　16 开
印　　张：8.75
字　　数：44 千字
版　　次：2016 年 4 月　第 1 版
印　　次：2021 年 5 月　第 5 次印刷

书　　号：978-7-5126-3908-9
定　　价：31.00 元

《一点灵光》创作于 2014 年，布面油画，150×120cm

《五气朝元》创作于 2014 年，布面油画，200×160cm

五脏神系列描绘的是五脏的真气能量场，这是人体内运转的天体磁场，人能看到这个磁场，五脏六腑就和谐安康。

《心神丹元》创作于 2011 年，布面油画，150×120cm。

《肝神龙烟》创作于 2011 年，布面油画，150×120cm。

《脾神常在》创作于 2011 年，布面油画，150×120cm。

《肺神皓华》创作于 2011 年，布面油画，150×120cm。

《肾神玄冥》创作于 2011 年，布面油画，150×120cm。

《一圣神》创作于 2011 年，布面油画，150×120cm。

二、元神系列

元神携带着累世的信息和父系、母系的遗传基因，是个高能量信息团，无形无象却光芒四射，无拘无束却惟道是从。元神是宇宙能量的搬运工，只有元神能把宇宙高能量源源不断采集到人体，让细胞发生改天换地的变化。元神是自然本心，是灵感、直觉、大智慧的代名词。

元神1

《自然之子》创作于 2008 年，布面油画，150×100cm。

元神 2

《生命之树》创作于 2008 年，布面油画，150×100cm

元神 3

《凌波仙步》创作于 2008 年，布面油画，150×100cm。

元神 4

《见素抱朴》创作于 2008 年，布面油画，150×100cm

真我是人的本来面目，元神本性的别称。真我也叫真性、佛性，道家的无极符号〇说的就是真性。

真我1

《弹琴观音》创作于 2006 年，布面油画，120×120cm。

真我 2

《吹笛观音》创作于 2006 年，布面油画，150×200cm。

真我 3

《舞蹈观音》创作于 2006 年，布面油画，150×120㎝

真我 4

《托钵观音》创作于 2006 年，布面油画，150×120cm

在元神的基础上，心灵之光进一步被宇宙高能量提纯，光谱呈现为金色。德越厚重，神越神圣。从一个乳婴到一个金孩，宇宙间的事物无所不知，养育众生，可以无为无不为。

圣神1

《坤腹生莲》创作于 2007 年，布面油画，200cm×140cm

圣神 2
　《黄庭圣婴》创作于 2009 年，布面油画，200×150cm。

圣神 3

《五色神光》创作于 2007 年，布面油画，200×150cm

圣神 4

《观噉》创作于 2007 年，布面油画，200×150cm

圣神 5

《乾宫养育》1 创作于 2013 年，布面油画，200×150cm

圣神 6
《乾宫养育》2 创作于 2009 年，布面油画，200×150cm

圣神 7

《天门脱胎》创作于 2013 年，布面油画，200×150cm

圣神 8

《分神自化》创作于 2009 年，布面油画，200×150cm

圣神 10

《法身》创作于 2013 年，布面油画，200×150cm

圣神 11

《身外身》1 创作于 2013 年，布面油画，200cm×150cm

圣神 12

《身外身》2 创作于 2009 年，布面油画，150×200cm

圣神 13

《知天下》创作于 2009 年，布面油画，200×150cm。

圣神 14

《归根复命》创作于 2009 年，布面油画，200×150cm

圣神 15

《长生课堂》创作于 2013 年，布面油画，130×90cm

圣神 16

《紫金丹》创作于 2013 年，布面油画，120×90cm

圣神 18

《长生之子》创作于 2013 年，布面油画，100×80cm

《观音显圣》创作于 2013 年，布面油画，120×90㎝

《太上老君》创作于 2015 年，布面油画，120×90cm

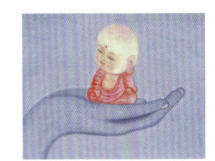

《道德经》中的
圣人

目录

《道德经》中的
圣人

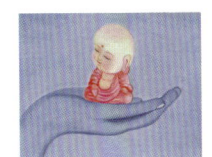

《道德经》中的
圣人

心灵鸡汤第一味

　　道德是心灵鸡汤第一味，《道德经》是教人心灵成长的宝典。

　　五年前我写了《内在小孩解道德经》，那是开了玄关，得了大道能量，不满于人心解道，从获得先天一炁、大道能量的角度解的。心灵被大道能量养育了六年，已经获得了长足的进步。内在小孩本性元神，已经无为自然地长大，已经读懂了老子说的圣人是怎么回事。五年教会了一批人成功地实践了最高的无为法。无为无不为地身心成长，使一批人走在了成就圣人的路上。所以这次解《道德经》，专注的是《道德经》里的圣人。

　　《内在小孩解道德经》是 2009 年圣诞节那天开始写的，81篇用了一个月时间，虽然是从元神角度写的，但是元神和人身、人心离得比较近，人的思维的痕迹还很重，尽管畅销了二十万册，帮助很多人得了先天一炁，得了道。但是再次看那些文字，几乎是不堪入目，觉得啰嗦得难以忍受。元神长大了成为圣神，对道的领悟就清晰了许多。所以这次的文字直指要害，尽量简单。这次写《内在小孩长成圣人》81 篇用了九天时间。借着《道德经》里的圣人，把无为法讲清楚了。

1. 无名

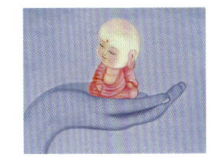

《道德经》中的
圣人

第一章　体道

道，可道，非常道；名，可名，非常名。无，名天地之始，有，名万物之母。故常无欲，以观其妙，常有欲，以观其窍。此两者，同出而异名，同谓之玄，玄之又玄，众妙之门。

能说得出来的道，不是永恒的自然之道；能够叫得出名的，也不是自然真常之名。真道是个虚无，是天地的起始。这个虚无用先天一炁，体现她生万物的生殖力。大道是化生万物的母亲，一切生命的灵性，都是虚无的道用先天一炁化生出来的。所以，一个得道的圣人就是承载先天一炁的道器，好像本人不知道也没做什么，玄妙的事实验证了已发生的事和这个人有关。观世音循声救度，观音就是人的觉察之灵感，是个虚无的，这个虚无的觉知德一，具有无限的生机力，在心灵层面，无为无不为地给 众生的灵喂奶，哪里的有缘有问题，无形的观音就可以借着感应，以光速到达那里去送令万物生的能量，也就是一道光，不管千万里，一闪即到，万事万物有了先天一炁就会和谐生化。

常无欲以观其妙，在无形中捕捉虚无本体的妙显。常有欲以观其窍，在有形的层面也是一样，好像有能量汇集，形成一个玄窍。你只感觉有一个永远的开阖之窍，但是里面有个虚无的菩萨，自从有了这个虚无的能量、智慧一体的她，无数生机、复活、再生、

001

起死回生的事情，不断在无为中发生。这个玄关的玄窍能感觉到算是有形的，里面从俗人长成的大圣是无形的，只是开了玄关，感觉有个柔和的真息绵绵，却导致了无数不可思议的妙事。有形、无形都是虚无大道的显化。当你不被有形的事物迷惑，可以透过现象看到本质，从表象回归虚无本体，从有形看到无形，当事物的无形部分在你心里活跃起来，你就能领略见众妙的境界。

2. 无为

第二章　养身

天下皆知美之为美，斯恶已；皆知善之为善，斯不善已。故有无相生，难易相成，长短相形，高下相倾，音声相和，前后相随。是以圣人处无为之事，行不言之教。万物作而不辞，生而不有，为而不恃，功成不居。夫惟不居，是以不去。

天下人都知道怎样才算美，这就有了丑。都知道怎样才算善，这就有了恶。美丑、善恶是二元对立的，是在有形的层面看问题。事物的本质是无形层面决定的，无形的层面是活的磁场，美丑是一个活动进行时，是可以和谐转化的。有无、难易、长短、高下、音声、前后都是相对的，相比较分别的结果，看问题要从本性上看，

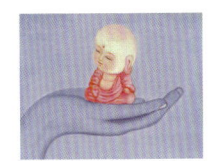

不要从表象上看，一体地看，不要分别着看。

圣人处无为之事，行不言之教，圣人指的是本性之光，一个坏事发生了，本性之光会自动地去补不足，她不会去和对手对立，看到闹事的一方德能量缺乏了，绝对慈悲地给对方心灵哺育先天一炁的乳汁。本性之光这个圣人没有人我对立，哪里有德一元气的不足，她就给到哪里。缺德的一方德能量补了，激烈的事态就缓和下来，恶就开始向善的方向转化。当遇到不顺利的境界时，后天意识心能善恶、整体、动态地看问题，冷静地看天意，听自然在说什么，顺天意决断，不要人心用事。自然本心本性合道的妙用，在逆境对恶的转中成长，所谓的道魔相长，魔来助道。

无名、无形、无相的本性大圣，在不知不觉中，已经用生机本元能量，把磁场改变了，阴气重的转阳了，坏事是阴气重的磁场导致的，活的磁场变了，坏事在磁场的层面已经解决了。人能无为就是合道、守道，本性大圣会自动地去做，不用人做，事情已经做好了，不用说什么，已经把坏孩子教育好了。道生万物，万物中有道性。你真正诚恳地相信大道，就相信道性在万物中的作用。你只要内守自然、质朴、平和、不争的道性，万物在道性上是一体的，大道阴阳相生、互相转化的特点就会得到充分的发挥，内在守道、守本性的功夫做扎实了，外在的事物，你就可以心没想，事也能成。

因为万物的道性决定了阴不可怕，守在本心上阴就可以辅助阳，圣人因为无人我相，把道性对万物如此伟大的贡献，只当做平常、自然。不会据为己有，不会骄傲，顺其自然，臣服于自然，永远不离自然。

3. 无欲

第三章　安民

不尚贤，使民不争，不贵难得之货，使民不为盗。不见可欲，使民心不乱。是以圣人之治，虚其心，实其腹，弱其志，强其骨，常使民无知无欲，使夫知者，不敢为也，为无为，则无不治。

百姓不以功名、权禄为重，不争而处于平和；不贵重稀有的商品，使民不有偷盗之心。不见引起人欲望的东西，人心就不会乱。争、盗、乱是人外求的欲望贪心，这个心蒙住了人的本性之光，镇压了生命的主人自然本心，一个生命主人不当家地活着，六神无主，一定会混乱、麻烦、破败。生命是大自然的杰作，自然本心这个主人就必须时刻在位。自然、朴素、简单、无欲、无求、内敛地守在本心上过日子，以本性作为生活的主宰，能这样生活的人就是与道合真的圣人。

圣人治理生命的方法，是用先天本心，这颗内在大智慧的心，统帅外求的欲望贪心。人的心其实只有一个，守在内部的知道一切的本心，当他被后天物质层面有形的东西打扰了以后，纠结在事物的表面，一个错误的念头，就形成一股黑气，无数的错误念头纠缠在一起，就形成一个污浊的心理磁场空间，把自然本心的金光遮盖住，生命的痛苦、疾病、灾难就会包围过来。虚其心，是把对事物的外在执着、纠结的心拉回来，自然本心是个潜水高

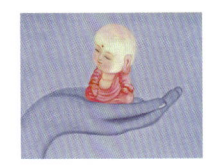
手，让她做好她自己，潜入深水区，生命的问题就治理好了。

自然本心得到了自由解放，她和天地的元气是一体的，她专一地抱老天的元气，养育五脏神。自然本心是虚空中的一点灵光，这一点光来自天上，天场的金木水火土五星的能量隐含其中。虚其心，实其腹，自然本心把她天上的朋友带到你身体里来做客，过着她天性的日子。一个人表面的生活，里面隐含着一个自然本心天宫的生活。身体就如巨富，无处不金玉。

自然本心没有打扰地把宇宙高能量带入身体，脱胎换骨。先脱胎后换骨，脱胎是讲自然本心是在纯阳世界、九天之上的真我，她在九天和你的心灵之间自由往来，你永远是和你的本命天子、你的真我一起生活。弱其志才能强其骨，强硬的理论把自然的人变成一个僵尸，弱其志是把这些死的东西，捆绑人的僵化的东西统统抛弃，心灵回到自然柔软中，和大道的先天一炁才能吻合，换骨头之后换筋，里面是婴儿的本色心灵，无知无欲，物质层面才会发生奇迹。无欲、无狡诈、无智巧，谦虚、柔和，让身心常处清净，内外的干扰信息就会自然退却，宇宙中的元气自然实腹。

使夫知者，不敢为也，有了点神通，绝对不能用，没开悟的神通是阴气，阴气招来三维空间的低灵附体，贪图功用，九天上的纯阳真我就白来投胎了。在人心的贪欲驱使下用神通，就会杀害空间的其他生灵，就会自食其果。人心驱使的神通使人成为妖怪，没能量还好，有了能量从人堕落成妖。在人心的层面的小神通，和高维空间的真我的神通，根本不可同日而语。那个大真我是无为无不为地拯救一切灵性生命的大圣，一个狭隘、自私、愚昧的人心小我，千万年的轮回也见不到大我。

第四章　道源

道冲而用之，或不盈。渊兮似万物之宗。挫其锐，解其纷，和其光，同其尘，湛兮似若存。吾不知谁之子，象帝之先。

道不可见却用不完，不盈满，是个无限的能量，渊深而不可知，像是万物的主宰。道是令万物生、万物盛的能量，是无声无息、无形无相的虚无。这个虚无无所不在，人的心理空间、生理空间都是这个虚无，能量的转换必须有虚空的存在。虚空的特点是连续、无所不在的，中性、无特定性的，纯粹偶然、非相对、宽容的。虚空在内在起着作用，虚空具有创造力。人类依靠这发生在虚空中的电反应过程而生存，虚空的能量左右着一切生命的存在。虚空决定着生命的诞生，有机产生于无机的虚空，这是西方科学家在《微精神分析学》中对虚空的认识。道既是虚无又是实在的，叫真空出妙有。

从体验的角度看，金丹性命之学，以太虚太极为鼎炉，以性命为药物，以打成一片为丹成，打破虚空为了当，合道为终的，使人可以一步一步趋于道。一反思辨的无下手处，道不再是高高在上的、抽象而遥远的目标，而是可感、可达，可以融透，并不断引导提升的力量。这是对虚无大道的模拟性实践，也是内在和外在，个体生命和世界交流、融合的通道。先天一炁这个大道能量，

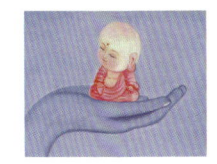

因为人体是个小太极，阴阳自动升降，大道能量无限，人体的阴阳交感就与大道同频共振，没有盈满。

大道能量令万物生，却从不露锋芒，超脱纠纷而无为，把自身的金光隐含在万物中，无形无相却真实地存在，我不知是谁的孩子，是先天地生的。道是虚无，无形无相。但是道用德显示她的存在，德能量由气机激发，先天的磁场是有象的，是用象来和人说话的。就人体入道来说，五脏神是天场能量的象，一圣神是象的帝王，但他们都是道的执行官，还不是道，他们只是引导，当他们消失后心灵上的清净、虚无，才是道。这个大道的虚无是在先天磁场能量象之前就有的，在人来说，自然本心就是虚无的大道。无限大的道，就在本心的方寸之间，修道就是让自然本心做生命的主宰，是一种简单、质朴、无争、平淡、自然、无为的生命方式。

5. 用虚

第五章 虚用

天地不仁，以万物为刍狗，圣人不仁，以百姓为刍狗。天地之间，其犹橐龠乎？虚而不屈，动而愈出。多言数穷，不如守中。

天地施化无所谓仁慈，让万物自然生灭。圣人也是无所谓仁慈的，听任百姓自然生息。内在小孩元神，得到先天一炁的哺育后，成长为与道合一的圣神真我，就是老子所说的圣人。齐天大圣就是自然本心的光辉，她就像太阳一样，无我地抚育众生，给予了万物生命，自己却不知道，叫圣人不仁。在无形的层面，神不知鬼不觉地，圣人用德能量给众生的灵喂奶，以此来拯救众生，这就叫至仁，最大的仁。圣人在无为无私地付出以后，众生的生命得到改善和提升，有病的好了，要死的活回来了，有困难的自动脱离了困境。众生的感激和再生的生机，良好的信息自然反馈给帮助了他们的圣人。圣人在对众生的大舍之后有了大得，这就是圣人守着平常的本性，本性自动建立功德。德满三千，以德入道，寿齐天地，圣人得以长生，是这样一步一个脚印地奉献之后，才能够合道的。

橐龠就是风箱，天地之间，一炁上浮为天，下凝为地，中间是空洞，一开一阖，像个大风箱。因为中空才流转无碍，气机之升降才无始无终。圣人就是这样成长的，开了玄关以后，身体里有一个永远在动的升降开阖，这是宇宙大太极和人体小太极在一体地共振，圣人就是在这个虚无的玄窍里养育出来的，性命已经坚实地合一，从太极返回了无极，黄元吉先生说："乾坤橐龠无极妙，夺得无极变真人。"永恒存在谓之真，真人说话，句句成真。真人说话要非常谨慎，否则，就会干扰万物的生克活动规律。少说话，心守清虚，形静无为，守德于中，哺育圣神，该做什么，合于道性的圣神会自动地去做，会在最恰当的时间以最恰当的方式做。不用花一分钱，费一毫力气，无形无相，却把事情完美地办好了。圣人就是这样伟大，本性之光的法身就是这样为众生服

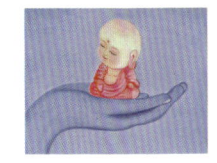

务的。

中是包含了阴阳的中道，不是偏于一端，而是整体地包含了一切。这是元神的生活方式与思维方式，有形的与无形的，看得见的物质与看不见的能量磁场，元神是整体存在的灵感、洞察力的化身。元神当家，识神退位，逐渐地使人获得高智慧与高能量。最终，人体小太极和宇宙大太极完美合一，就是齐天大圣的养育成功。

6.　真息

第六章　成象
谷神不死，是谓玄牝，玄牝之门，是为天地根。
绵绵若存，用之不勤。

道是永恒存在的，可以称她为深奥无形的生殖之门。天地也是道生出来的，这个生殖之门也可以叫天地之根。她绵绵微妙，好似存在，又好像是没有，但她有用不尽的作用。这是老子对道的体验，人在开了玄关以后，才能真懂老子描述的玄牝之门。

那是个动静一体的永不停歇的柔和之气，一静就能感受她的一开一阖的存在，像是 B 超中胎儿的存在，导致图像中的光波一

起一伏。人在娘胎里的时候，人的意识无知无识，心灵的性和能量真气的命，性命是阴阳混一的，人体的太极和宇宙的太极就在一体地共振。这时，人体的生机力最强大，从一对阴阳细胞，十个月就长成一个完美的人。而开了玄关的人，又进入了宇宙大太极的子宫，成年人的性命从意识干扰的分裂，重新回归到婴儿的性命混一之中。

本性元神是靠悟的，悟是元神成长的方式、心灵的对话。简单清静地过日子，本性元神当家做生命的主人，玄关会自然开。精气神，神是光态的生命，是自然的主宰，人为的不能干涉，所有的练功都会以失败告终，只有自然才能打开本性能量世界。这个绵绵若存的生命本元能量，带来了返老还童、脱胎换骨，直到法身无为无不为地去做功德。最伟大的玄妙之用，来自无限的虚无大道。

7. 无心

第七章　韬光
天长地久，天地所以能长且久者，以其不自生，故能长生。是以圣人后其身而身先，外其身而身存，非以其无私耶？故能成其私。

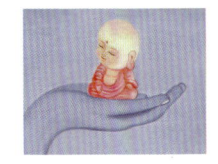

　　天长地久，天地能够长久的原因，是因为她的生存不是为了自己。为万物奉献不求回报，所以能长生。圣人的品质就像天地一样，把自己放在最后面，因为受益的众生的爱戴，反而把圣人推到了最前面。把自己置之度外，反而百姓会拥戴他，忘记了自己而身存。正是因为他的形体上的无私，成全了他真身成就之私。身外身指法身，是虚态空间人的先天形体，圣人可以身外有身，像天地一样长生，都是因为无私心于物，故能成我无私之私，以静而守我真形，天地有毁灭的时候，而我之真形无坏。

　　修道就是学习圣人的品格，无我、无私、无为、无妄，自然欲消心平，大道能量来滋养，阴阳和谐，神显体健。如果是贪婪的欲望，不知道阴阳相携，总是取之于阳还之于阴，终为道损之而返还于天地。好像看得见的财富掠夺成功了，但是因此损了阴德。天道无亲，唯与善人。无心无为，天地能量自动降临，叫盗天机。贪心有为，反被天地盗走了能量。

　　修行人在生活中见喜不喜，见忧不忧，遇怒不怒，遇悲不悲，不是装出来的，而是真实自然如此，那么，元神和识神已经合一。大功告成，法身潜后，正德无边，自然而然，德就神成。神以功建德，德又去养育众生，大舍大得，众生反馈良性信号给你，这样德增神长，神长德增，相辅相成，良性循环，正德无边无量，大圣的法力无限增长。

8. 自性

第八章　易性

上善若水，水善利万物而不争，处众人之所恶，故几于道。居善地，心善渊，与善仁，言善信，政善治，事善能，动善时。夫唯不争，故无尤。

最高的善就是自然，比如水，利益万物而不与其相争，众人讨厌的地方她可以自在安详地呆在那里。所以，水和道很接近了。上善之心，平平常常，无好无恶，居上不骄，居下不卑，于己无忧，于人无怨，与世无争。

居善地则心安，心善渊则神定，与善仁则义存，言善信则立志，政善治则化普，事善能则无惑，动善时则天命知。如果能有这样大智慧之心，就可以入道了。无心无意，无为无不为，能曲能直，随圆就方，可聚可散，可垢可净，可隐可现，满则溢，亏则补，总是忘我地利益众生。这表面上写水，其实在歌颂圣人。

圣人无敌，圣人没有困惑，没有忧虑。忧虑来自人心，遇到问题你不用有任何忧虑，圣人具备水的自然品格，你要坚定地相信圣人法身，一切都会自然地转化。柔和不争，谦虚不居功，德而性往，无为无不为，就和道很相近了。

老子说了七个善，能做到，仁善滋润了众生的心灵，就会反馈回良性的信息，即是修道者积累的德能。七个善中，信善是

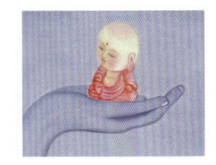

入道的门槛，小信不如不信，大信才是真信。真信了，实效妙有马上显现。信错了信假了也不行，要信正能量才是大道，假佛假道附体卖弄神通是低维空间的邪气，正能量来自九天之上的纯阳之气。

9.　谦卑

第九章　运夷

持而盈之，不如其已；揣而锐之，不可长保。金玉满堂，莫之能守。富贵而骄，自遗其咎。功成、名遂、身退，天之道。

要圆满不如放弃，尖利的锋芒难保长久。金玉满堂没有人能守得住，富贵而骄横，遭受灾祸，咎由自取。功成名就之后就要全身而退，这是天道的规律。

富贵、名利、骄横都会让人气盛，会让你远离损有余补不足的天道。月满则亏，物盛则衰，乐极生悲。天道如此，何必有贪心呢。谦卑、俭朴、锋芒不露才能永远获得道的补益，能这样做就是守在本分上，育化谦定为性，以此进道获德，德而性往，神定气闲。

谦逊、俭朴、自然、真诚、中和，因此圣人养育成功。圣人

累积的德能使他有了功力，可以无为无不为地做功德，叫功成，说什么什么就成真，名副其实叫名遂。圣神养育成功的人，无论男女身体回到了阴阳混一、生命之初的中性人状态，叫身退。无形中已经可以做利益众生的事业，表面的物质层面的作为可以省略掉了，这就是天道自然。

10.　本色

第十章　能为

载营魄抱一，能无离乎？专气致柔，能婴儿乎？涤除玄览，能无疵乎？爱民治国，能无为乎？天门开合，能无雌乎？明白四达，能无知乎？生之畜之，生而不有，为而不恃，长而不宰，是谓玄德。

抱定阴阳合一的先天一炁，不断断续续，能永远不离开吗？那一定是开了玄关，和宇宙大太极沟通了才能做到。专注先天一炁，能使人像婴儿一样无知无欲吗？看到玄境能不是阴神或附体的阴气吗？育神健体，能不用智巧而顺其自然吗？天门开合，柔和自然，能没有阴气的干扰吗？心灵之光通达四方，利益众生，却自己也不知道吗？生养爱护众生，让他们自然发展，不图回报，就是玄德。

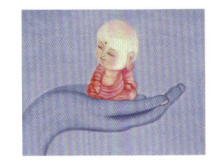

　　开了玄关，得了一刻也不间断的先天一炁，自然本心的光明就会逐渐长大。无知、无欲、无心是养圣胎所必需的心灵状态。进入到磁场世界，有三维空间附近的低灵作祟，你能不能不被引诱和干扰？凡是没见本性的神通都是阴气，都是假佛假道，你能不能鉴别真伪？否则，一念之差就走到邪路上去了。头顶三沟九洞烧出来了，心灵之光的出入自然而然，不需要任何人为的干涉。

　　不要以为心灵之光这个本性性体哺育成功，是自己的宝贝，那是人心的误会。因为你能自然、单纯、质朴、无争地合于大道，你的心灵就有了能量，就可以无为地为众生服务于无形，众生对你的感激，是众生在用灵炁喂养你，你是在付出中被培养大的。你的心灵之光合道后成为了道器，必然要替天行道，像虚无的大道一样，做无形中生养万物的母体性工作。虽然本性之光在你身上孕育，但是，你绝不指挥命令他，而是让他自然合道而成长，去完成天道的使命，你能做到这些，那就得到了玄德。

11.　有无

第十一章　用无

　　三十辐，共一毂，当其无，有车之用。埏埴以为器，当其无，有器之用。凿户牖，以为室，当其无，有室之用。故有之以为利，无之以为用。

　　三十根辐条组合在一个毂上，有了毂的空才具备了车轮的用。用土烧制了器皿，因为中间的空，器皿才有了用。凿开门窗，因为有了空，房子才能用。所以说，有给人带来便利，但无在这个便利中起到了决定性的作用。

　　有是无的用，有是道的物化，无是道之体，最终归于无。人的心灵是个虚的，如果能自然地清、净、空，则是守在本性上的活法，本性包括了生生世世的我，源头的我在九天之上，清净自然，天宫上的真我就会在这一世复活，唤醒多生多世的我的人生成果，显化在当下。身体出现能量变化，返老还童、脱胎换骨，我们什么功也没练，却出现了有为法练几十年也没有的真能量反应，为什么？因为心能清净，归于虚无的本性，是生命来到了如来本性之地，那是个无限的智慧与无限的能量之海。

　　无心、无为是道之体，万事万物，都是虚无大道本体的妙显、妙用。修行人无欲、无妄，就会培神建德。造更大的器，能盛更多的物；有更大的空，才会有更大的用。行越正，德越厚，德载神，神愈圣，乃至无上。有无相生，多积德，以德证道。阳为实，阴为虚，以阳育阴，以阴辅阳。

12. 内守

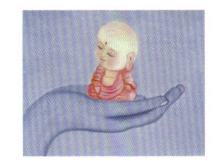

第十二章　检欲

五色令人目盲，五音令人耳聋，五味令人口爽，驰骋田猎令人心发狂，难得之货令人行妨。是以圣人为腹不为目，故去彼取此。

五颜六色，花里胡哨，满足人的贪心却伤了人喜欢简单的神，令人目盲；好听的音乐乱了人的神，心不能守在无声之音上；丰富的食物爽快了人的口，却伤了喜欢质朴的神；骑马打猎，强刺激使神不守舍；稀有的商品，引来盗贼的偷抢。圣人只知有内不知有外，即使目于外、耳于外，也是视而不见、听而不闻，内心依然是无声无息的，所以，不向外耗神，而向内守神，圣人就是这样养育的。

一心内守，静体无极，先天一炁返还于腹中，静中生之、育之，养我之清气，助我之灵根，守我之神明，出我之真身，以我合天。一点灵光，无出无入，无思无虑，久之金光养足，自可化为阳神为我身主宰。

修道养神，尽量避免外五行的耗精散炁。特别是那些乱神的行为，比如使人疯狂的打猎。更要回避难得之货，比如稀世珍宝的文物，多次被偷盗，上面集结着贪婪的负面信息，这些恶性信息都会扰神，上面的不良信息会干扰人的身心，招来一些灾祸。在欲念嚣天的环境中修道，要能知白守黑，每一个情景都是借用

悟体的机会，不被表面的东西牵着走，干扰到神的清净。

13. 无身

第十三章　厌耻

宠辱若惊，贵大患若身。何为宠辱若惊？宠为上，辱为下，得之若惊，失之若惊，是谓宠辱若惊。何谓贵大患若身？吾所以有大患者，为吾有身，及吾无身，吾有何患？故贵以身为天下，若可寄天下。爱以身为天下，若可托天下。

宠辱是身外之物，都会扰动神的安宁，让人感到惊恐，如大患临身。什么是宠辱若惊呢？荣宠是高尚的，卑辱是底下的，得到它为之惊喜，失去它为之惊恐，这就叫宠辱若惊。什么叫贵大患若身？我所以有大患，是因为我有了身体，等我没有身体了，我还有什么忧患呢？所以，只要我舍身为天下，那形体就可以寄托给天下了。如果人能忘我而爱身，练身以化真身复还于天下，就可以无为无不为了，就可以将天下托付给他，这是道的托付。

至人知一切事物皆属幻化之生灭相，惟先天元气才是我生生之本，对形体过于重视，才会在意表面的荣辱得失，肉身内藏的真身，可以一世也可以百世，可以千万年。爱这个肉身是因为肉

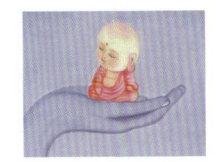

身是给真身提供能量与智慧的仓库，这个光晕真身，存之则生，失之则死，散之为物，凝之为仙，一刻也不能离。爱先天之身为天下，是托虚灵之身于天下，是存道身外凡身，宠先天之身，才是无辱于身，无患于身，方是清静常存之道。

宠辱不惊，讲的是轻幻身，无我才能养育出本性之光。本性之光是齐天大圣，亿万年永恒存在。这个真身是道光德能所凝聚，可以无所不在，无所不为。这个不灭金身是天地万物的灵气所养育的，当金身养出来离开了肉身，就可以像大道一样哺育众生，把从天地间得到的能量与智慧，还给天下，造福众生。

14. 感应

第十四章　赞玄

视之不见名曰夷，听之不闻名曰希，抟之不得名曰微。此三者，不可致诘，故混而为一。其上不皦，其下不昧。绳绳兮不可名，复归于无物。是为无状之状，无物之象，是为惚恍。迎之不见其首，随之不见其后，执古之道，以御今之有，能知古始，是谓道纪。

想看她却看不见叫夷，夷，无色。想听又听不到她的声音，

叫希，希，无声。想抓又抓不到她叫微，微，无形。视之不见叫无色，听之不闻叫无声，摸它摸不着叫无形。道的形象超出了人类的听觉、视觉、触觉的经验，把这三个的方向反过来向内，见于内、闻于内、得于内，再把它们混合为一，混三元为一元，就是真元一气，天然主宰。这三个东西不能进一步研究了，因为它们是人的心性能量的作用，将这三者合一，叫感应。她在天上被阳光照耀也不见其光，曒，光明。她在下被地覆盖也不见其昏暗，昧，昏暗。通其玄，会其无中之有，三家合混一之体，才能见才能闻才能得。

道的形象渺茫难以形容，属于无形无象的状态，她自己没有形象，却可以做万物的形象，自己无形体而能为万物设形体。人在恍惚中，处在阴阳混一的中和态，才能看到、感应到另外空间投射来的象。恍惚中发生了能量汇集的象，迎之不见其首，随之不见其后，她是个无始无终的无限能量。古道以身合天，以德合天，以心合天，三者既合，是为真道；只有像古人一样体元始之初的先天一炁，以无为修身，这样的人才能见、闻、得道。这是谓修道的纲纪，能时时如是，刻刻体此，方能成道。

道是无形无象的，是万物的本体。万事万物的表象都是大道虚无本体的用，一个体一个用。人的日常生活都是在道用的层面，你能够破除表象，看到本体，每件事都是让你回归本体的机会，念念回归本体，守在根本上，就能得道。用无为而治当今万物，就掌握了道的最高法则。

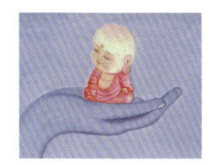

15.　品质

第十五章　显德

古之善为道者，微妙玄通，深不可识。夫唯不可识，故强为之容：豫兮，若冬涉川；犹兮，若畏四邻；俨兮，其若客；涣兮，若冰之将释；敦兮，其若朴；旷兮，其若谷；浑兮，其若浊。孰能浊以止？静之徐清；孰能安以久？动之徐生。保此道者不欲盈，夫唯不盈，故能蔽不新成。

古代得了道的人，对道之幽深广博，无所不通，能探微、究妙、悟玄，俗人很难了解。因为深不可识，勉强描述一下道人的形象：谨慎像冬天过河，如履薄冰；小心怕干扰了四周的众生；恭敬像对待贵客；无忧无虑潇洒自然，像冰将融化；淳朴敦厚像个愚人；旷达又虚怀若谷；和光混俗，没有异于常人的举止。可以闹中取静，摒除妄念。能这样做，内心的宁静使自然本性活跃起来，生出长生的能量先天一炁。能够拥有上述的品质，就可以得到永远生生不息的大道能量，去掉后天之假，得到先天之真。

谨慎、严敬、温润、敦厚、诚朴、旷达、浑和，这样的人在尘中修道，不显山露水，在尘中积德，不求名闻利养，所修是真道，所积是玄德。浊内求清，清中更澄；安身心，久久如一，体本末终始，时时除行，不去贪求；生生不息，去旧更新。小心渐进，无妄无退。如此修道，必然成功。

上述人格品德是明心见性后本性能量被激活的结果，圣人就是守着本性生活的人。出污泥不染，不是躲进深山，躲开活生生的生活，而是无论环境清浊，都能守在清净的本分上。面对的无论顺境逆境，都能鉴而不纳，无为之用自成。德性德性，敦厚、诚朴、旷达就是有德之本性。德生、德厚，本性具备了能量即可龙飞凤舞。

16. 复命

第十六章　归根

致虚极，守静笃，万物并作，吾以观其复。夫物芸芸，各归其根，归根曰静，静曰复命，复命曰常，知常曰明，不知常，妄作凶，知常容，容乃公，公乃全，全乃天，天乃道，道乃久，殁身不殆。

心灵的虚静，到达很深的程度便能体验到，万物的出生都是一个东西所导致，虚无的先天一炁，大道能量，静得很深可以察觉到这个先天一炁，这个胎息、真息的从无到有，从有到无。万物尽管纷纭变化，但是最终还得归到根上。归到出发点叫归根，归到生命之初的原点叫静，这个静就是道的代名词。人的生命的原点是宇宙中的一点灵光，它再生了，并且长成圣人，就是成道。

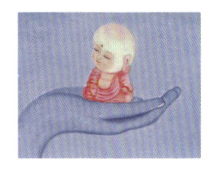

所以，回到生命起始的本性能量上，是得道的关键，不是这个生命本元，就无法得道、成道，因为，这个本元就是道的化身。

静曰复命，深度的静所体验到的绵绵真息，把一点灵光养成一个太极光球。在此过程中养育的圣婴即是复命的主要内容。从源头上看，婴儿是人一身的精气神浑而为一的产物，为后天和先天的物质、能量、信息共同孕育的先天形式。虽有质有形却不在三维时空内，最初却以图像的形式来表象，是具有能量的特殊信息。除了本人，旁人一般无法知道它的存在。以后发展为阳神，能"聚则成形，散则成气"，它不是我们通常理解的物质，但表现为信息和能量的统一，有种种的功能实质，这时旁人是可以看到的。

复命就是恒常之道，认识恒常之道就会放光明。不懂天道的规律，就会招来灾祸。认识了恒常之道的人，心胸宽阔，包容一切。能包容就是大器，就能坦然大公，承载浩然正气。与浩然正气合一，才能像大道一样，天下归服又养育众生。这才是合道，合道才能长久，真身阳神存天地间不灭。肉身死了，神没有亡，气没有消，叫殁身不殆。

17. 自然

第十七章 淳风

太上，不知下之有之；其次，亲而誉之；其次，

圣人

畏之；其次，侮之。信不足焉，有不信焉。悠兮，其贵言。功成事遂，百姓皆谓"我自然"。

最上一层的功夫是无为自化，什么也不懂，也没练，自然得道。这说的是心灵之光出胎之前，出胎以后的无为无不为，才是真正的太上，最高级的方法——自然。当心灵之光养育成功以后，一切顺其自然，既不要希望她做什么，也不要强求她怎样做，无心、无意，自生、自化，自修自证，与自然契合。

次一等的是对本性性体有所求，有所依赖，有利用满足贪欲的功利目的，这就很容易丧失真我，被低灵附体，依赖外缘，丧失自己。不能自证自悟，与自然契合。

第三等的方法是，清规戒律繁多，强迫本性性体和形体做一些有为的修行，本性性体不能自立，形体不能入静合虚，由此，又远离了自然一步。

第四等最差的方法是：与自然背道而驰，形体与本性性体各自为政，特别是用一些不当的方法强制本性性体背道做事，而本性性体不予支持。

最上一等的是无为自化；第二等的是修心、修身，心神合一；第三等的是以戒律为尊，有为强制；最差的一种是弃本求末，心与形分离。小信不如不信，大信才是真信，有了真信才能进入能量世界。真信的人，不过一两年，虚无本体的道妙已经在生活中显示。信不足的人，三年过去了还在退步。所以信是很幽深的，很尊贵的，一定要记住。

心灵之光的能量足够了，本人什么也没想，也没做，但是法身已经把事情办好了，叫功成事遂，修行的方法最好是无为无欲合自然。

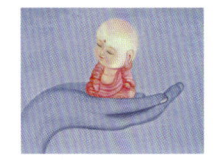

18. 忘本

第十八章　俗薄

大道废，有仁义；智慧出，有大伪。六亲不和有孝慈，国家昏乱有忠臣。

当人们的思想和行为离开大道时，就用仁义去维持天理来守道。当弃德重智巧偏离了人的本性时，人们就会用知识掌控规律，但是本性已被智巧蒙蔽，所以就出现了诈伪。人们因为遮蔽了本性而丢失了常道，以物欲为重丢失了亲情，不得不用孝慈来维持亲情关系。国家混乱，邪恶势力争权，才有忠臣出来体君王正其朝纲。

归根复命，道德是根，简单、自然、真诚、本朴才是本性之道。可是人回不到善良的本性境界了，想用仁义来约束，使人回到本来。离开了道德传道，就越来越远离道。想把人心的贪欲和天道搅合在一起，天理是不容的。本来老子传给尹喜的是无为的自然法门，但是，狡诈、复杂的人心应不上本朴、自然之道，就发明了上万种法术，想以此传道，越传越假。只有德才能证道、育道，德性往，乃生。有德能通无，无则德

道同。

人们对道德的意识越来越淡薄，这就是忘本，抛弃了本性，想用仁义来代替天道，巧智的小术层出不穷地出现，败坏大道，冒名顶替，却横行于世，让人难以辨别，老子的无为无不为早被世人遗忘。人五脏六腑出了毛病，才开始求神拜佛，发点慈悲心。病入膏肓才觉悟名利不过是浮云，临死才看到一直被囚禁的本性之光，但是为时已晚。

19. 德性

第十九章　还淳

绝圣弃智，民利百倍；绝仁弃义，民复慈孝；绝巧弃利，盗贼无有。此三者，以为文不足，故令有所属，见素抱朴，少私寡欲。

抛弃了聪明智巧，对人们有百倍的好处；抛弃了仁义，人们返回到孝慈；抛弃了欺骗和自私，盗贼就消失了。以上三条约束是不够的，要使人们有所从属，外在本色，内心朴实，减少私心和欲望。朴是德一之炁未朴散，素是未染的布，心归于本元的朴素，就是含德之厚，就是赤子之心，见素则识定，抱朴则神全。

人们崇拜圣人，不知道圣人的伟大来自哪里。圣人是发挥他

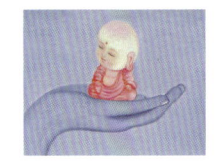

的自性，公而无私，行而无为，他的自性可以无不为。尊道贵德，修德才是入道的唯一途径。抛弃智巧、伪诈，使心回归无心无意的本朴，情欲尘心，一毫不染，人的德就开始淳正，修心炼心就是修德。绝圣弃智，因为识智、技巧淹没了本性，尔虞我诈、争名逐利养成了贪求的恶习，本性被遮盖人就离德失道。道是本性能量自动做的，去掉后天的机心，回归先天的本朴，才能近道。

人们崇拜智巧、仁义，就会存在愚昧、贪婪、卑鄙。阴阳是相对应存在的，人在阴阳二的境界里，人的心灵磁场就会混杂，心神无法安宁。本朴、无心是广大包容的一心，一心就是道，保持一心就是修道。

20. 食母

第二十章　异俗

绝学无忧，唯之与阿，相去几何？善之于恶，相去何若？人之所畏，不可不畏，荒兮，其未央哉。众人熙熙，如享太牢，如登春台，我独泊兮，其未兆，如婴儿之未孩，累累兮，若无所归。众人皆有余，而我独若遗，我愚人之心哉？沌沌兮，俗人昭昭，我独昏昏；俗人察察，我独闷闷。澹兮，若海；漂兮，似无所止。众人皆有以，而我独顽且鄙，我独异于人，

而贵食于母。

　　放弃智巧，回归质朴的人间绝学，是不会让人有忧虑的。赞同与不赞同，善与不善之间有多大差别？道本来是包容一切的，没有分别。这些分别是后天的知识引起的忧虑，忧虑给人带来了恐惧。一般人畏惧的事情，修行人不可不畏。这些荒废了道的风气，至今未止。众人是那样高兴，好像是享受盛宴，眺望美丽的春景。而我却无动于衷，像婴儿还未长成小孩，无忧无虑，逍遥自在无所谓归就。众人都富有，我好像什么都不足。我持有愚人之心，混混沌沌。众人都聪明，我好像糊里糊涂。众人都很警醒，我却昏昏的。我静时像无边的大海，动时疾风无边际。众人都有所作为，我则无所作为。我独异于人，默默无为，异于人而合于天也，混沌合于我，我还归于混沌，叫异于人。混沌之内，惟知其中，母乃中也。昏默之中，采先天精华，含养于内，叫求食于母。

　　肤浅的知识，使人们抛弃了质朴的道，将养育万物包容一切的道，按人的欲望分割成荣与辱、善与恶，这就给人带来忧郁和恐惧，也干扰了圣人。圣人没有分别心，一般人追求的，正好是圣人回避的。圣人内敛、无知、无欲，谦守万物之母的道性，这是得道的人和俗人的差别。上上为愚，无为往。无为而育德，德而性往，大道成。

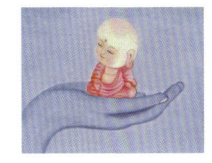

21. 众甫

第二十一章　虚心

孔德之容，唯道是从，道之为物，唯恍唯惚。惚兮恍兮，其中有象；恍兮惚兮，其中有物。杳兮冥兮，其中有精，其精甚真，其中有信。自古及今，其名不去，以阅众甫，吾何以知众甫之状哉？以此。

　　大德之人有大的涵养，包容、谦卑，不与世俗同流合污，处处以道作为标准。道没有固定的形态，恍惚不可捉摸。恍惚中可以感觉万物的法象，肉眼看不到的光、炁，肉耳听不到的声音。这种精气处于肉眼看不到的空间，却具体而真实，可以有现实事情的真实验证。从古到今，道所表现的这一切都确实存在，并且一直贯穿在万物生化活动的始终。甫，神也，我何以知道众神的状态，由此而已。目不观目神入，耳不闻耳神收，鼻不息鼻神凝，口不言诸神聚，叫众甫。诸神聚，其舍有主；诸神化，其气有父；诸神存，其名不去，叫众甫。

　　古人神的内涵是活的能量之意，本性是个虚无，有了能量本性就被激活了。神与性和，精与情寂，再加上忘我的意大定，先天的五元元精、元气、元神、元性、元情就合一，真一即是道。本性是一个广大的先天磁场世界，魂、魄、神、性一级一级地向上，直到到达本性纯阳之地，都需要先天磁场能量的支持。五气朝元，五脏神合一形成元神，元神即是本性的代言人，直到与道合真，

都离不开高生物电 ——精、信的能量支持。修道明心见性，不是喊空口号，是要有先天的能量化育出来的。

22. 损补

二十二章　益谦

曲则全，枉则直，洼则盈，敝则新，少则得，多则惑，是以圣人抱一为天下式。不自见，故明；不自是，故彰；不自伐，故有功；不自矜，故长。夫唯不争，故天下莫能与之争，古之所谓曲则全者，岂虚言哉？诚全而归之。

曲凹易得道补充而平，除去凸的部分能得到平直。低洼容易补足，陈旧容易更新；少的地方，多易向此平衡，少容易得，多容易迷惑。所以圣人之道，损有余补不足，作为天下事理的范式。没有我执我见，所以是明智的人；不自以为是，才能彰显；不自夸，反能有功劳；不自我矜持，所以才能长久。正因为不与人争，所以遍天下没有人能与他争。古时所谓"委曲便会保全"的话，怎么会是空话呢？它实实在在能够达到。

圣人以百姓之心为心，以百姓之目为目，所以能明察万象，圣人德育万物而不显功，所以得到众生真诚的爱戴。圣人能够无

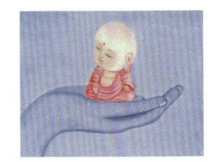

我，所以才能长久。因为圣人的不争，天下没有谁能争得过他。真心实意地按照道的原则去做，就能得道。

谦卑、处下、不争，就会无为行事，无为是道之体，你就是依照道的准则为人处世。曲则全，道永远是扶持弱小的，柔弱不争，就会永远得到道的补益。曲、枉、洼、弊、少、多，这六字是要人去有存无，去胜存朴，去贪存实，不争而归道。

23. 大信

第二十三章　虚无

希言自然，故飘风不终朝，骤雨不终日，孰为此者？天地。天地尚不能久，而况于人乎？故从事于道者，道者同于道，德者同于德，失者同于失。同于道者，道亦乐得之；同于德者，德亦乐得之；同于失者，失亦乐得之。信不足焉，有不信焉。

自然不用多说，狂风刮不了一个早晨，暴雨下不了一整天。谁使它这样的呢？天地。天地的狂暴尚且不能长久，更何况是人呢？所以，效法道的人，他的行为必然与道的法则相合；重视修德的人，他的行为必然合于德性。然而，远离道的人，他的行为必然违背自然规律。得道者是承载道光的道器，所以道易居之。

有德者，德被四方，万物受益必然敬之，而育德长德。没有道德的人，行为不合道和众生之意，必然被众生唾弃，得不到高真的加持，必然得不到正果。以上道理，信不足还不如不信。真信的就迅速得道了，不信的永远陷在后天痛苦的泥潭中。

万物的生化都是道的自然运化，遵道、信道的人，能效法道的法则生活，必然合道而育德，终有所得，成为道之灵器，以功建德，以德育四方；万物受益，必然反馈良性信号，使其进一步育德长德，达到正德厚重，无边无量，德道大同。而缺德的人，以损害众生的灵性满足自己的贪欲，必然得到众生的唾弃，得到的都是负面信息的反馈，最多成为一个卖弄神通的妖怪，休想得成正果。

上述这些道理，信则成，不信则不成。大信才是真信，小信不如不信。小信夹杂着后天人心的计较得失，这个心不退，得到的能量也是负能量，给众生带来灾祸。所以小信不如不信，没有大信就不能学道。因为道是为众生奉献的，不是个人的小事，没有大公心的人不能学道。

24. 退隐

第二十四章　苦恩

跂者不立，跨者不行，自见者不明，自是者不彰，

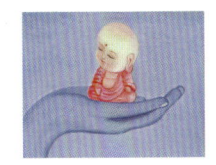
自伐者无功，自矜者不长。其在道也，曰余食赘形。
物或恶之，故有道者不处。

　　跂起脚跟站着的人，站不长久；迈起大步走路的人，不能远行。
靠自己的肉眼看，因为通达不了能量世界，所以看不全面。自以
为是的人，不会多方面综合考虑问题；自我夸耀的人总是把别人
的功劳当成自己的，其实自己没有功劳；自高自大锋芒外露的人，
不会长久。从道的角度看，以上这些急躁炫耀的行为，只能说是
剩饭赘瘤，是多余的东西，谁都厌恶这样的举止，所以有道的人
决不这样做。

　　自见、自是、自伐、自矜是修道者的通病，客观规律
是什么就是什么，不要画蛇添足；自见是自有邪见，妄自为
是，岂通透内功之学？能通进去的是什么样子？似愚似痴，
终日默默，不待勉强，自作聪明，不求明而自明也。自是，
指自立偏见，终日妄参，大道当然不能彰显。常存不满足之
心，不生速求之心。不自足，虚虚静静，不向外张扬，只重内
中运行生化，才合老子本义。无一事搅我心头，居我灵府，
久久涵养，一点灵光普照，恍若日月在天，无所不照。修行
人应当重本性，轻外形，取于隐，舍于显，否则会招来很多
不必要的麻烦。道永远是补不足，修道者以空为镜，以德做
本，自然宁静至虚，德性彰显。修行人应当厌恶自是、自见、
自伐、自矜这些真我厌恶的假我的表演，以免无端地消耗精
气神。

25.　自然

第二十五章　象元

有物浑成，先天地生。寂兮寥兮，独立而不改，周行而不殆，可以为天地母。吾不知其名，字之曰道，强为之名曰大。大曰逝，逝曰远，远曰返，故道大、天大、地大、人亦大。域中有四大，而人居其一焉。人法地，地法天，天法道，道法自然。

有物浑然一体而成，灵明随焉而结，空洞之中，混成有质，叫有物浑成，在天地形成以前就已经存在。听不到它的声音也看不见它的形体，寂静而空虚，不依靠任何外力而独立长存，循环运行而永不衰竭，她用精气养育着万物，可以算作万物之母。我不知道它的名字，所以勉强把它叫做"道"，再勉强给它起个名字叫做"大"，它大而无外，不可见却无处不在。它广大无边而运行不息，布焉天地无所不通。无处不周流叫逝，天上地下无所不流行叫远。天地万物，无不本于道而生，无不归于道而化叫反。生无不本于道，化无不归于道叫道大。

道大包罗天地，天大无所不涵，地大无所不载。人虽小却是宇宙的缩影，人性即是天地之性，道性。人效法地的宁静，地以天为法则，涵盖万物而不为己有，天以道为法则，天依道而动，清静无为化育万物。道以自然为法则，道性自然，万物自然，所以自然最尊贵。道出于自然，人能自然，如地之静，所以常存，

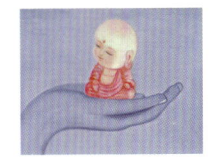
叫人法地；地得天之雨露下降，生化之机，地固因而常存，叫地法天；天禀清虚之气，凝虚于上，无为合道，叫天法道；道本于虚无，常含湛寂之体，听无为之生化，叫道法自然；自然之中，有物混成，感先天地而生，凝寂寥而化，随自然之机，混成之道，叫自然。

道是个虚无，但通过万事万物显化道之用。万物的循环往复，都是道生的一炁所化生，阴阳之精气和合演化而生，所以说道是天地之始，又是万物之母。人的自然本性就是道性的体现，所以明心见性，把虚无的本性养成一个实在的能量体，自然无为是得道的唯一途径。因为人的本性就是道性的体现，人的本性是天然完美的，只是后天的人心、习性的遮盖，使人这个自然体被扭曲，失去鲜活的水分与活力。修道只是在方寸之间，只是一念的觉醒，不断擦镜子、去贪心、改习性，让本心本性的圆满之光显露出来。本性之光显露的过程，人体会有能量的验证。本性是体，能量是用。不明本性就想要道之用，那是本末倒置。

26. 守重

第二十六章　重德

重为轻根，静为躁君，是以圣人终日行，不离辎重。虽有荣观，燕处超然。奈何万乘之主，而以

身轻天下。轻则失根，躁则失君。

　　重是轻的根，重处下，虚怀若谷，海纳百川，和道性接近而养育本性性体。轻者浮上，不稳定，心神飞扬，气盛必然导致衰败。静者心定易悟，悟是与元神的对话，是元神成长的精神食粮。静中出现的身体的动静和景象，都不要在意，当这个躁动的阶段过去了，会有深度的宁静，那才是体道。因为入静才出现的动，静而无为，静而止动，入定而神往，所以，静是躁的主人。重为轻根，先天炁清，后天气浊，浊气又是清气中化出来的，先天的心静，后天的心躁，躁又是从静中来的，静以制之，一静，心纯一，虚火降，以虚静降服躁君，才是君子重性命。

　　君子终日行不离辎重，是修行人守静一时不离，谨守着重与静，即便是有美食胜景吸引着他，也能安然处之，不飞神动性。既然是修行者，就要选择弃轻守重，弃躁守静。轻者气盛神飞，浮躁必然乱性失神。凭什么以道这个万乘之主，至贵至尊、可仙可佛之身而不自爱，反以世俗的荣乐为缘，这不是太小看轻视自己了吗？去心轻身，以无为治国，清静治君。轻则失根，指神飞离开本性之根；浮躁导致心君混乱，六神无主。

　　持重、处下、谦卑、尊师重道。重天道，爱众生，这样虚怀若谷就是养本性。轻浮，神不守舍，精衰炁败，本性神需要的能量都外散了。静定入虚，虚而神修。维护静才是修性的关键，去轻浮去气躁，内敛精气，维护智慧之源 —— 性，性命互相哺育，方能身久性真。

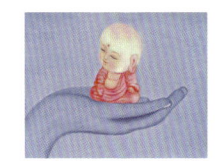

27.　袭明

第二十七章　巧用

善行，无辙迹；善言，无瑕谪；善计，不用筹策；善闭，无关楗而不可开；善结，无绳约而不可解。是以圣人常善救人，故无弃人；常善救物，故无弃物，是谓袭明。故善人者，不善人之师；不善人者，善人之资。不贵其师，不爱其资，虽智大迷，是谓要妙。

　　圣人的行为是在无形中做的，没有痕迹。即使是天眼开的人也看不见，因为阴神的眼睛只能看到三维空间附近的低维世界，圣人在九天之上，附体和阴眼根本看不到真正的道境。善于说的是不说的神传心授，神传就是大脑整体的复制，说只是落于某一个端点，大道是整体的，一点无法概括整体。善于计算的，用的是心灵感应，不需要计算器。善于关闭的人，是心灵之光在无形中自动做功，不用门栓也就没什么需要打开的。善于捆缚的人，是用心光的能量，养育他人的心灵，没有绳索，哪里需要解开呢。

　　圣人以道性救人的本性，因为两者都是道所生，所以圣人不可能抛弃众生。万物也是道所生，圣人也因此和万物紧密相连，不会抛弃万物不救。圣人善于在本性层面救人、救物，明俗人难明之理，做俗人难做之事叫袭明。得道的圣人，可以在无形中使对立的事物向其相反的方向转化，所以，善人是恶人的老师，可以教化他向善的方向转化。恶人是善人成就的资本，魔来助道，

037

无魔不成道。不以真师为尊贵，不感谢牛鬼蛇神的捣乱，从正反两方面悟道，你自以为明智，其实糊涂，很重要的道妙就在其间。

阴先动阳后随，在多维空间的能量先发生了，在物质空间才会出现事情。圣人是真人不露相地在能量层面哺育众生的，修道的人要学做圣人，后天意识无为，本性元神无为无不为地运作。靠神通小技混世的，在圣人面前不过是小巫见大巫。学道是学习做圣人，不是学做妖魔鬼怪。善、恶是道演化的不同形式，本性会以阴育阳，粪土变为养料，挫折变成动力，是另一个角度的老师，所以修道者，不要忽视了恶中的真性，真师无言。

28. 柔静

第二十八章　反朴

知其雄，守其雌，为天下溪。为天下溪，常德不离，复归于婴儿。知其白，守其黑，为天下式，为天下式，常德不忒，复归于无极。知其荣，守其辱，为天下谷，为天下谷，常德乃足，复归于朴。朴散则为器，圣人用之，则为官长，故大制不割。

知道雄的强勇，却安守雌的柔和，像溪水一样处下。能像溪水一样处下不争，恒常的道就会不离身，真常不离，反与婴儿同

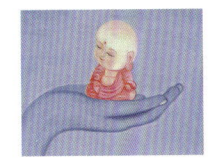

体，道的能量能使人返老还童。一身无为，常德不离。知道表面的却能守在无形的本体上，这就是宇宙存在的真相，万物都是道性的体现，通过表面的事物看到本质就是道性，这样地看待问题，法身常德就不会出差错而复归于无极道。知道荣耀，却能守卑辱，人就会虚怀若谷。一身常能虚中，叫为天下谷。能虚怀若谷，法身的德能量才能深厚，德能量深厚了，复归于生命最初的本朴。德一之炁未散叫朴，散开了成为一个有形的东西叫器，圣人崇尚朴不崇尚器，虚寂为一身之主宰万变的总持，好像俗话说的长官一样。大制不割，用大道治理天下，不用割裂、裁剪，大道能以一治万。

本章暗示了心灵之光圣人的成长过程，第一个阶段，有处下、不争、虚怀若谷的心灵，本性之光的能量就在合道性中被培养，像孩子一样无知无欲，长养圣胎。第二个阶段，识神退位，元神当家，进入自然的忘境，是出胎状态。第三个阶段，圣胎壮大，反复锻炼，复原归真。第四个阶段，与道合一，弥散在万物中，养育万物的灵性，无为无不为。

29. 神往

第二十九章　无为

将欲取天下而为之，吾见其不得已。天下神器，

不可为也。为者败之，执者失之。是以圣人无为，故无败；无执，故无失。故物或行或随，或嘘或吹，或强或羸，或载或隳，是以圣人去甚、去奢、去泰。

无为是修道的自然法则，谁想用有为获得成功，我认为是不可能的。人是灵性的天道神器，精气神的神是自然的主宰，后天精、气层面人为的操作还勉强可以，但是到神的层面，在人体的自然的最高层面，绝对不允许任何人为的操作，什么意守、观想都会令人的神经出问题。在神的层面有为操作的，一定会失败，或者傻了，或者神经了，执着于此的一定会毁掉人的灵性。

所以圣人是无为的，所以没有失败没有执着，所以把人的灵性培养成了具有很大能量的圣人。事物的盛衰、存亡，都有其自然法则，圣人修行不强迫什么，不奢望什么，不做什么，也没有什么目的，总是自然无为。

人是大自然的杰作，是万物的灵长，是天道之灵器。只有自然无为，才能符合天道的规则，修道用有为的方法必败。有为必败于性，有执着必失于命，不为不执着，才能性命常存。凡先天炁生，听其随行，内应于响，外应于吹，出入自由，不待勉强。

人性就是道性，修道一切的身心变化，都是人的本性按照道的法则自然而然发生的，身心的反应和变化只是个结果，结果只是验证，是自然产生的，你只要修因，在本心上下功夫，无为、无妄、自然、中和、处下、不争，扎实地做好了种因的功夫，身心老老实实地守在本分的道性上，必然会结出正果。

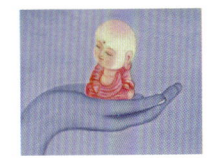

圣人

第三十章 俭武

以道佐人主者，不以兵强天下，其事好还。师之所处，荆棘生焉，大军之后，必有凶年。善者果而已，不敢以取强。果而勿矜，果而勿伐，果而勿骄，果而不得已，果而勿强。物壮则老，是谓不道，不道早已。

凡是真心修道的人，一定不会用有为法强制修身。不用就好了，用了就麻烦了。强迫用人力干涉的，干涉到哪里，哪里就会生灵涂炭，就像打过仗一样，对百姓来说是大凶的惨状。有为法荒废一生，自欺欺人，耗精散气，达不到养育本性的目的，本性就叫自然，你不自然就永远摸不到本性，只是体育锻炼，而不是修道。比如念咒，摄取万物的精华，驱使信息体为了贪欲效力，投机取巧，以假乱真，违背天道，必然会被天道所抛弃，沉沦为妖魔鬼怪。

阴神修大了的共同特征是猖狂自大，每一个圣人的诞生，都是得道高真加持亲历火候才成就的，自高自大就失去了老天的眷顾和众生良性信息的支持，缺德、德薄，本性无力行走，本性是智慧之源，没有智慧，本性元神无法成长，永远不可能得道、成道。所以不能自以为是，这是自我毁灭；不能骄傲自满，那是自断与道的联系；不要逞强，逞强就离德失道了。道是中和，过分

《道德经》中的
圣人

了就偏了，偏了就是后天的死气。好东西是往昔的善因结的善果，不敢用强行的办法夺取。有了善果，不自持、自夸、自居、逞强才是真道。用强于道，就是不道，不道早亡。

　　无为是道体，有为就离德失道。乱用神通法术，伤害无辜生灵，干扰了其他灵性生命的生存，必遭恶报。满招损，谦受益，得缘和成果从来都是师傅找徒弟的，自大就失去了师缘，虚者受师之授，满者自溢而失。你个人的一点进步，是大道师傅和众生的灵性所养育的结果，如果你以为自己了不起，你有我执的观念，一定会神不成、果不就、体不健。

　　31.　用兵

　　第三十一章　偃武
　　夫兵者，不祥之器，物或恶之，故有道者不处。君子居则贵左，用兵则贵右。兵者不祥之器，非君子之器，不得已而用之，恬淡为上。胜而不美，而美之者，是乐杀人。夫乐杀人者，则不可得志于天下矣。吉事尚左，凶事尚右。偏将军居左，上将军居右，言以丧礼处之。杀人之众，以哀悲泣之，战胜，以丧礼处之。

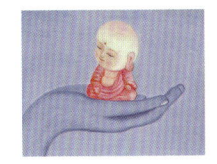

　　采用法术掠夺其他生命的灵性精华是不善之恶行，其他生命会非常厌恶他，凡是有道之君子，绝不会做这样伤天害理之事。左为阳魂，元性主生，右为阴魄，元情主杀，有道之君子重视本性的培养，只有在万不得已的情况下驱赶不良信号，绝不轻易杀生，恬淡自然，让本性能量自然去做，而不是炽烈的贪欲之心去做。用了咒语、法术等成功了，也不要得意，这是在屠杀灵性生命，得意相当于喜欢杀人。喜欢杀伐的人一定是后天意识的凶残与贪婪，一定会偏离本性，不可能回归道德而返璞归真。本性能量运作，那是天道运行，绝对不会有丝毫的错误，人心主事才会带来祸端。

　　主生机的阳气足就出好事，主杀机的阴气足就出坏事。人的本心本性居左主生机，是谦逊、柔和的偏将军。人的后天意识心争强好胜，贪欲炽烈，好比是上将军主杀机居右。用法术杀害了灵性生命，也要给他们举行葬礼。杀伐的多了，要感到悲痛，战胜了要给他们安葬。要慈悲为怀，尽力把他们度化了。

　　真正的修道人，重视本性性体的成长，绝不沾小法、小术。乱学、乱用就会毁灭正道。本性谦和、中正，重本性的培养，轻蔑法术神通，匿光藏慧，慧而不用。把生命全部放在服务众生、建德育神上，从而德厚、神壮、体健。修道就是扶持本朴、柔和、善良的本心，抑制贪婪、愚昧、残忍的后天意识心。心小器小，心大器大。广大的心胸，慈悲为怀，才可能承载大道的浩然正气。平时做到了大慈大悲，在战时不得已杀伐负面信息时，也会慈悲救度。这就叫本性神以功建德，被处理过的负面信息也会臣服，将德回向给你。

32.　自化

第三十二章　圣德

道常无名，朴虽小，天下莫能臣。侯王若能守之，万物将自宾。天地相合，以降甘露，民莫之令而自均。始制有名，名亦既有，夫亦将知止，知止可以不殆。譬道之在天下，犹川谷之于江海。

　　道以中正仁和养育众生，人们生活在道中，却对道浑然不知。道至隐至微，人一刻也不能离，离了就土崩瓦解。道粒子，遍布虚空的小金光点，它小得几乎不存在似的，但是天下的万事万物都会对它俯首称臣。朴者，性也，大而通彻天地，细而入于微尘，虽小，天下无不敢臣。如果人的心能够守在道上，一切的身心变化都会全自动地发生。人开了玄关，有了先天一炁这个太极之动，阳升阴降自动发生，真阳之火，冲到头顶化合阴精，即是甘露，灵液真水，能令人起死回生。

　　道本来是无名的，道的能量显化叫先天一炁，名既然有了，隐的变成显的，就要明白这是来自于自然，不要忘了顺其自然，不能有人心的贪得无厌，要有所制约，适可而止，知道制约、适可而止，就没有什么危险了。道存在于天下，就像江海，一切河川溪水都归流于它，万物会自然归顺。

　　道性就是人性，人的本性主宰着身体。尊重本性，本性一炁含阴阳，是一个永远转动的太极，用不着人做任何事情，本性时时刻刻都在做。身体自然受益还不算，本性得到道性能量的哺育，又培养出了像大道一样养育群生的能力，这是最重要的。

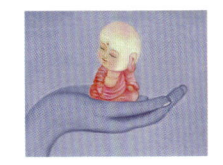

33.　轻智

第三十三章　辩德

知人者智，自知者明，胜人者有力，自胜者强，知足者富，强行者有志，不失其所者久，死而不亡者寿。

学会了外边的东西，学识渊博，叫智能。学会了内在的东西，本性的作用开启了，人就会无所不知，向四周放着本性之光，无形的磁场能量世界也都能了然于胸。一个人有神通了，好像比别人强，但是盛气凌人就离德失道了。如果你能无为无妄，谁能战胜你呢？不可以力胜人，以虚无至道胜人。战胜了别人是有力量，战胜了自己，是胸怀太和一炁，本性之光升起，充塞于天地，与太虚同体者叫自胜者强。守于内，不妄求，叫知足，炁满光足叫富。有志坚其心，固其意，忘其形，存其虚，以待功成叫强行者。

能常守真静，人性的来源道性，叫不失其所，这样的人长久。道成而躯丢，光融而性存，虽死于世，而我实不死也。肉身虽死，精神之光与天地同其德，与日月合其明，形亡而光结，故寿而不

死；性命合一，灵性常存，清光融融，叫死而不亡；常存于天地之外，包罗于万象中，空空洞洞，其真常灵，其道常存，真常至道，叫不亡而寿。凡人之死，死则神散，圣人之死，死而神完，形虽死神新生，其精神直与天地往来，自然与天同寿。

知识让人学识渊博，但是遮盖了本性，使人不能成为无为无不为的圣人。所以修道要轻智，去掉知识、智能对本性的遮盖，元神当家，识神退位，轻神通，重育德。元神识神合一而成无上道。本性是长生之体，本性强旺，才能使人超越生死。

34.　功德

第三十四章　任成

大道泛兮，其可左右。万物恃之以生而不辞，功成而不有，衣养万物而不为主，常无欲，可名于小，万物归焉而不为主，可名为大。以其终不自为大，故能成其大。

大道弥散于整个宇宙，左右着万物的盛衰。万物依赖道而化生，大道却从不推却自己的责任。为万物奉献，建功立业，也不看做是自己的成绩。养育万物而不去主宰、干预，让万物自然地生化。道无形无相，看不见摸不着，就用微小来称呼它。万物归

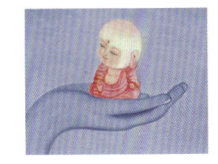
属于道，道却不愿意当万物的领导，成就了伟大的功德，也可以称它为大。因为道始终不自以为大，无为无妄，谦虚谨慎，所以能成为真正的大。

老子说的道的不辞、不有、不为，讲的是圣人的品质。能量简单，人心能做到不容易，做得到圣人才会养育成功。圣人的无数分身，遍布法界替天行道，消灾解难，救度万物，功德无量，却不去主宰万物，无为无妄，自己不知道已经建立了功德，别人也不知道。德被四方，万物臣服。圣人是载道之大器，放不下人心的小我，不可能成就圣人的大我。

35. 平淡

第三十五章 仁德

执大象，天下往，往而不害，安平泰。乐与饵，过客止。道之出口，淡乎其无味。视之不足见，听之不足闻，用之不可既。

道大无所不包，是个最大的虚象。道用这个大的虚体养育天下万物，谁靠近大道都得好处，平安、祥和。乐与饵，是先天之真炁，聚而成乐，凝而为饵，如过客之往来，无定止之地，任来则来，任往而往，天下任其周旋。待通身经络，灵通而合一，如

047

是为丹，性中见命也。天地交叫泰，天地即乾坤，人体的乾坤交媾，产出先天真一之炁。浑身酥软绵绵，自身阴阳之气交感，叫乐与饵，道生出的先天一炁，好像没有滋味。说出这个道，好像很朴素，很平常。道隐藏在万物中，人们的肉眼看也看不见，耳朵听也听不着，但是用起来却是无边无量。

有道的人喜欢静，平淡而祥和。生活简单、朴素，对好吃的、好穿的、好看的、好玩的都淡漠了，这就是回到了本性状态的生活，是后天的污浊之气已经退掉，先天的纯阳干净之炁已经成为主宰了。而贪吃贪喝，人炽烈的欲望是干扰本性清净的。没得先天一炁这个本性能量，后天的浊气用人心是无法化掉的。返老还童、后天返先天，这是人的本心本性能量的物化。

得道的人身边有一个无边无量的大道磁场，法身经常出来进去。常人看不到这个人有什么特别，但他是用这个能量场在养育众生，处无为之事，行不言之教，上德不德是以有德。磁场和人的心念有关，正心就有正能量场，导致生活里创造、成功的事实发生；歪心能量场就充满妖气，导致现实的疾病、灾难。用正心去行道、证道，比嘴皮子上说道重要得多。

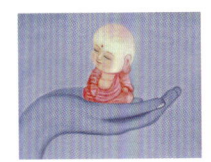

36. 相反

第三十六章　微明

将欲歙之，必固张之；将欲弱之，必固强之；将欲废之，必固兴之；将欲取之，必固与之，是谓微明。柔弱胜刚强，鱼不可脱于渊，国之利器，不可以示人。

先天一炁这个大道能量，它会把一切疾病消除，在清除这个疾病前，它先让这个毛病发得更厉害，物极必反，最后彻底拿掉这个疾病。这是在磁场的层面，彻底根除疾病。想要收敛它，必先扩张它；想要削弱它，必先加强它；想要废去它，必先抬举它；想要夺取它，必先给予它。这才是知道了道的深奥的玄理。柔弱战胜刚强，鱼的生存不可以脱离池渊，这个很厉害的大道能量，是身国的利器，无形无相，只有自己可以感受，不能拿出来给人看。

这一章强调了事物的相反相成，先天一炁本是大阳气，却用入极静、极阴的办法获取，由至阴取至阳。想开玄关，得到先天一炁在身体上的开阖之动，必须先在本心的静上下功夫。要想有德，先为万物大舍其功，以功才能建德。清明节度亡灵，把自己金丹的光都撒尽了，人虚脱了七天，眩晕得像踩在云彩上，登上了九天，自然进入七日生死大关，进入了宇宙本元无极道，这就是大舍大得，大德才能证大道。

37. 自正

第三十七章　为政

道常无为而无不为，侯王若能守之，万物将自化，化而欲作，吾将镇之以无名之朴。无名之朴，亦将不欲，不欲以静，天下将自正。

道好像是个虚无，好像什么事情也没做，但是无形中已经什么都做了，人心要能守住道，身体的一切变化都会自动发生。先天一炁是大道能量，当这个能量发生的时候，人有强烈的性欲，就要用无欲质朴的心对治。只有静能化解欲，那种身体的不自在的状况就会消失。

无为是道之体，道是无为无不为地运作的，人能自然无为，本性性体成长就快。无欲无私，本性性体就会无拘无束地成长。修行过程中欲望起来了，本性之静能自动地化解，本性借着能量神往做功，你的本性性体就可以无不为了。

万物将自化，万物指身国众生的一切，四肢百骸，五脏五个神、三魂七魄，有多少有形的不管是骨头、肌肉、血管、细胞，就有多少神，身体这个国家极其庞大。但是无论物质的还是精神的，这些活着的众生都靠元气生存，有了元气，各个部门携手友好，礼貌谦逊，见面都拱手作揖的。化而欲作，吾将镇之以无名之朴。当恍惚杳冥，静极生动以后，没有东西出来，人也什么不知道地入静，这还好办，一有动静了，元气在动的感觉有了，人的意识心马上就忘了无为就是没它的事，立刻妄想纷飞又开始了，怎么办？用无名之朴来镇，来管。道隐无名，无名就是道，不动不生是无名。无为、无作、无思、无虑浑然无名是朴。当无中生出有来，炁一动一动的，依然死心不动，守虚空大窍，静到连这个制止念头产生的意识也没有，浑忘一切，叫"无名之朴，亦将不欲"，这个欲是意识心的意思。不欲就是一点意识心都没有，到一丝一毫意识心都没有的虚静，道这个大元气的精微物质会让你的身心灵都到达最棒的境地，叫"天下将自正"。

38. 上德

第三十八章　论德

上德不德，是以有德；下德不失德，是以无德，上德无为而无以为，下德为之而有以为。上仁为之而无以为，上义为之而有以为。上礼为之而莫之应，则攘臂而扔之。故失道而后德，失德而后仁，失仁而后义，失义而后礼。夫礼者，忠信之薄，而乱之首也。前识者，道之华，而愚之始也。是以大丈夫处其厚，不居其薄，处其实，不居其华，故去彼取此。

上德就是自然拥有先天一炁这个大道能量，是无形的，自己也不知道，叫有德。下德是有形迹的，自己知道也说给他人知道，这叫无德。人为的操作是得不到先天一炁这个德一能量的，这就是有为法得不了道的原因。上德是自然本性自动建德的，无形迹，无为却可以无不为地做事。在人为的意识操控下的，宣扬给人知道的是有为。

上仁是先天元性，善良之阳魂，是人的本性发出的行为，所以也是无形迹的；先天本性之善，和顺柔弱，温良静定，而合上德，所以是无为的。最高的义举是在人的层面发出的，杀伐之心，义重生意心，心动意驰必有为。用上等的礼仪，发自内心的忠信行为很少，所以得不到感应，灾祸必然降临。

失去了道想用德来回归道，德是一条通往道的路径，一点灵光，德一元气是人体自然本性，可以以德入道，回归自然大道。失去了德想用仁慈回归道，也还可以，因为还是在本心本性的自然层面。失去了仁用义来回归自然大道，那就不行了，因为义在后天意识心的层面，离自然很远了，人心不退，大道难成。失去了义用礼来回归自然大道，那更是苍白无力的。因为礼仪的约束来自忠信的浅薄，是使人混乱的根源。浮华的后天意识，是对道的掩盖和粉饰，是愚昧的开始。所以大丈夫始终敦厚、忠信，处实在去肤浅，坚守着内在与大道合一，摒弃一切外在的虚华做作，这样才能以德入道。大丈夫，处上德之厚，不处上礼之薄也；居上德无为之实，不居上仁、上义、上礼有为之华也。故去仁义礼智之彼，而取无为上德之此，叫去彼取此。

表面上的人的意识行为导致的德是肤浅而虚华的，真正的德是人无意识、无为的状况下，本性能量自动在运作的，是纯真、

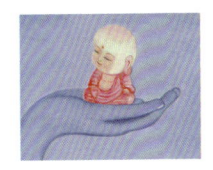

质朴、自然无形迹的德性的体现。仁义礼智是后天人心的层面，离自然本性越来越远，仁还近一点，后边的人为的不自然的痕迹越来越重，所以无法回归大道的自然。只有德是一条通往大道的路径，上德在无为中建功，为归道提供了唯一的可能，所以，修道就是要建德，德厚，德性往，大道生。心性修持大道生，本心本性可以无为无不为地积功累德，德满三千才能入道。

39. 得一

第三十九章 法本

昔之得一者，天得一以清，地得一以宁，神得一以灵，谷得一以盈，万物得一以生，侯王得一以为天下正，其致之一也。天无以清，将恐裂；地无以宁，将恐发；神无以灵，将恐歇；谷无以盈，将恐竭；万物无以生，将恐灭；侯王无以贵高，将恐蹶。故贵以贱为本，高以下为基。是以侯王自称孤、寡、不毂，此非以贱为本耶？非乎？故至誉无誉，是故不欲琭琭如玉，珞珞如石。

从以往得一炁的情况看，头部得了一炁清明，腹部得了一炁安宁，本性神得了一炁灵通，无处不妙用。开了玄关虚无窍打开，

精气盈满。每个器官每个细胞都得了一炁，浑身就充满生机。人的显意识识神得了一炁，全身就会后天返先天，生机盎然，这是先天一炁的作用。

天失一将恐崩裂（头昏脑涨）；地失一将恐塌陷（精气外泄，伤害身体）；神失一将恐不灵；玄关虚窍没了一炁，就会停止；人体没了一炁就会神散形灭；识神不尊贵一炁也就会体虚本性枯萎。所以贵以贱为根本，高以下为基础。高下要一体地看，贵贱的分别是后天意识，将恐蹶，指有后天意识心，真一之炁就会消失。侯王自称孤、寡、不穀，孤，单；寡，独；不穀，无同类。侯王能这样谦辞就是以贱为本了吗？不是。至高的荣誉是没有荣誉，不做受人称羡的美玉，宁愿做不受人重视的石头。

这一章讲先天一炁的重要性和养育一炁的方法，其中最了得的是人的神一，神得了先天一炁，潜藏不露，静以合德，虚以敛形，散而充塞天地，聚而入于微渺，水火不焚溺，金石不障蔽。道弥散在万物中，人的神得了一炁，可以成为承载大道能量的道器。关键是后天意识在阻碍一炁的流入，人心能清、静、虚，后天意识归于自然本性，使先天能量顺利流入人体，就可以跨越阻碍。得一炁的方法，关键是管好人心。

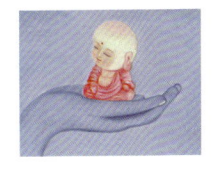

40.　道用

第四十章　去用

反者道之动，弱者道之用，天下万物生于有，有生于无。

循环往复的变化，是道的运动，微妙、柔弱是道之用。天下的万物产生于德一元炁，德一元炁又是为道所生。

生命从天空中漂浮的德一元炁一点灵光入胎，先天真一分成后天阴阳二，来演化生命的从生到死的历程。一点灵光经过64年消耗殆尽，先天的生机能量用完。修道和世俗生活是个相反的选择，修道不像一般人一样，无知地把一点灵光先天元气耗干，而是反过来，把一点灵光重新恢复，变自上而下地消耗大脑的先天能量，为自下而上地给大脑输送先天能量。逆反先天的能量，是德一元气这个大道的能量化身，这个能量是永不停歇的，是无比柔和的人在娘胎时阴阳混一的真息。天下的万物都是这口元气所生，而这口元气是大道所产出的。

这口先天元气就是人的真身，成年人再次获得了投胎那口元气，开始自无而有，从静笃中生出微阳来，接着，自有还无，真气在体内蓬勃之动渐渐归于恬淡。最后，又自无而有，混混沌沌，人我俱忘，长出阳神三寸，丈六金身，永恒存在，参与自然的循环，有有无无，循环不已。

第四十一章　同异

　　上士闻道，勤而行之。中士闻道，若存若亡。下士闻道，大笑之，不笑不足以为道。故建言有之：明道若昧，进道若退，夷道若类，上德若谷，大白若辱，广德若不足，建德若偷，质真若渝。大方无隅，大器晚成，大音希声，大象无形，道隐无名。夫唯道，善始且善成。

　　无为之道，上士闻之，勤奋地修持；中士闻之，无处落脚，似信非信，圣念浅，俗念深，不能行无为之道；下士闻之，大加嘲笑，这个境界的人不嘲笑就不是无为大道了。

　　有这样的说法：光明的道好像黯淡无光，前进的道好像退步了，平坦的道好像崎岖了，上等的德好像是虚的，很清楚的好像模糊了，广大的德好像还不足，所建之德好像无形迹，真实的存在却以虚无的形式。最大的方正是仁和，德之大器是一点一点多年累积建成的，道是没有声音的，道是没有形象的，道是没有名字的。但是就是这个大的虚无，可以使万物生，并且养育万物。

　　道德是无形的能量，是步步奔虚无，在至虚中得到无中生妙有的验证。这对于信不真的人是无法体会的，对于只知显意识、显物质，在物欲层面活着的人来说，简直就是闹笑话。对于真信一天天在进道的人来说，不要在意幻象和名相，广大胸怀，柔弱处下，守住自然本性，无为无不为地建德证道，别管世人的说法。

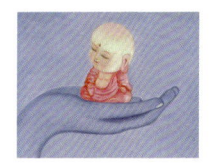

42. 损益

第四十二章 道化

道生一，一生二，二生三，三生万物。万物负
阴而抱阳，冲气以为和。人之所恶，唯孤、寡、不穀，
而王公以为称，故物或损之而益，或益之而损。人
之所教，我亦教之，强梁者不得其死，吾将以为学父。

道生了一炁，一炁生了阴阳二，阴阳二炁相生，生出三这个
新的物质。所有的物质都是阴阳和谐相生的，阴阳交合生出的阴
阳合一的物质叫和气。人们不喜欢的称呼，侯王用孤、寡、不穀
自称。人们都喜欢阳性的东西，不喜欢阴性的，如孤、寡、不穀，
但是王公却这样称呼自己，与众不同。王公指人的元神，能单独、
专一、守虚，随气之冲和，合无极之至道，叫孤寡不穀。所以，
物质的损反而是益，对于修道人来说，孤、寡、不穀的清、静、
虚反而会因此获得道的益处。想利益一个东西反而损害它，轻情
寡欲比浓情烈欲好像是损，但是正因此，干净的大道能量才能更
多地进入你的身体。别人都是这样教的，我也这样教，以无为合
太虚。心守意取，有为强制的，小则倾丹，大则殒命，我将阴阳
相生的道理作为教导人们的准则。

益、得、进和损、舍、退是阴阳的相反相成，有了先天一炁，
不动心是用无损有，越损越好，这是损之而益。能量世界是相反
相成的，舍得舍得，大舍大得，不舍不得。道不用修，能舍就可

057

以得道。舍的无私的心一出来，就和大公的大道相应了。不舍怀抱自私的心，大道不会光顾。

43. 神授

第四十三章　偏用

天下之至柔，驰骋天下之至坚，无有入于无间，吾是以知无为之有益，不言之教，无为之益，天下希及之。

最柔和的先天一炁，可以穿越天下最坚硬的物质，无形的能量能进入到任何物质之中。我因此知道了无为的益处，无言的教育是神授、感应，无为的好处，天下人很少能知道、能做到。

老子传给尹喜的道是无为法，人的自然本心和先天一炁大道能量结合了以后，人的虚无的心灵成了道器，可以化作万物所需要的形态出现，需要学习的，化作一个老师去给人上课，需要心脏健康起来好好活着的，化作心神丹元，一个穿红衣服的小人，蹦蹦跳跳地在人身边玩，心脏的磁场就恢复如初了。所有这些化出的活动的磁场象，和做的事情，本人一点不知道，本人没想没做，和大道能量一体了的虚无的心灵自动去做了，这就是无为无不为的体验。

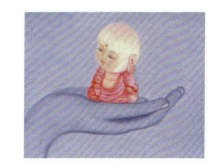

44. 守性

第四十四章　立戒

名与身孰亲？身与货孰多？得与亡孰病？是故甚爱必大费，多藏必厚亡。知足不辱，知止不殆，可以长久。

名誉和性命你喜欢哪个？性命和财物哪个贵重？得到财物与失去性命，哪个算作有病？所以，过多的贪爱，一定会消耗大量的精气神，贪心的人一定会更多地丢失道性物质。知足掌握分寸，就不会受到物极必反的羞辱，适可而止，可以保性命长久。

修道看重的是人体中深藏的道性 ——性命，这是人的真我、真身。他是无形的我，定心守性，虚心实腹养育真身才是最重要的，显态的肉身及其需求都是次要的。隐显是均衡的，显的物质需求过分，隐的能量就会消耗过度。人的阴阳失衡了，肉身和真身都会受到伤害。知足、知止，外在的名利不会累及身心，声色不乱耳目，神静、气闲，精气神达到可以永生。

45. 清净

第四十五章　洪德

大成若缺，其用不弊；大盈若冲，其用不穷；大直若屈，大巧若拙，大辩若讷；躁胜寒，静胜热，清静为天下正。

得了道的人，好像比别人简单，和复杂比起来，好像单纯缺了点什么，但是身上有先天一炁，乐其天然，永远也享乐不完。先天一炁在身体里积蓄满了东冲西闯，能量无尽。先天的能量贯于虚中，不要意取，听其自然。先天一炁左旋右转，行周天而合五行，妙不可言。那是自然之巧，我要不动心守拙。先天一炁来时，我神自知，微觉就是大辩。一炁来时，我若不知，叫大辩若讷。

躁胜寒，静胜热，躁指后天气足，不怕冷。静胜热，真阳发动，真火熏蒸，只有静心可以对治。真阳之火燃烧的时候，人很难忍受，全身超级的不自在。越躁越难受，只有静下心来，真火就会化成真水，真阴对治了真阳，阴阳中和了人就舒服了，叫清静为天下正。

这一章讲先天一炁在人体里的运作，无论它怎样都不要在意，它来时很猛也不必恐惧，它给人大乐的快感也不要动心。顺其自然地觉照着、享受着、沐浴着。当它狂到难以忍受时，只有静可以化掉它，它是命，静是本心本性，用静来对治真阳，就是性命化一的过程，这个过程顺利，本性之光就会完美地呈现。

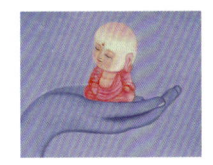

46. 知足

第四十六章　俭欲

天下有道，却走马以粪，天下无道，戎马生于郊。罪莫大于可欲，祸莫大于不知足，咎莫大于欲得，故知足之足，常足矣。

天下指身体，有道是得了先天一炁大道能量的人；马指后天意识，粪指垃圾，把垃圾变成有用的肥料，比喻后天意识阻碍人得道，把后天意识驯服了，使之不再成为障碍，而是成为助道的帮手。有道的人，一定是后天意识退位，本性当家作主了。本性的智慧对事物的把握是天衣无缝、恰到好处的。而没有开玄关，没得先天一炁的人，一定是他的后天意识像在郊外奔驰的野马，生出许多恶念贪欲，他的思想坚硬，心灵被捆绑得像个僵尸，使他无法感受生命本源柔和的元气。没有比人的贪欲更大的罪恶了，灾祸来自不知足的贪心。人的过失来自于索取之心，所以，人知道知足，就会幸福。

人因为自然本性元神主宰生命而得道，因为后天意识的贪婪而离德失道。事物的发展是阴阳的运动，盛极必衰，知足的人不到盛极便已经止步了，所以总是在丰满的状态里，永远是心满意足的。不知足的人，到了极盛还不满足，衰败就开始了。后天意识看不到整体，只看到显态的阳，看不到隐态的阴，在贪心的驱动下行事，所以就会不断地摔跟头。

有贪欲是不明了得失，贪求高能量。不知舍得舍得是因为舍了才得的，小舍小得，大舍大得。大道的大公，是你有了大舍的心，你的心性到位了，能量就直接发生了。抱着自私的贪心想得大公的能量，这是不可能的。你所有的成功，是大道能量的妙用妙显，只有生命本元大道的伟大，你不该有我这个概念。

47. 内求

第四十七章　鉴远

不出户，知天下；不窥牖，见天道。其出弥远，其知弥少。是以圣人不行而知，不见而名，不为而成。

不用走出门户，就可以知道天下的万事万物。不用透过窗户，就可以看到道在万事万物中的演化。越向外看，反而知道得越少。圣人在家中就能知道天下万物万象，不用亲自见就能了解得很准确。这些都是在无为中自然完成的。

道是内求的，发现自身大智慧的宝藏。内求会由小知大，察内知外。真空妙有，持之以恒内守，心灵本性之光，是大道本体，是每个人的共性部分。心光养成，天下事都在这个光中。一灵虚于中，无不通贯，叫其出弥远。元神元气化一，一则神，你在这里，如果你牵挂国外的亲人，你一个念头，穿越空间，就清楚地感应

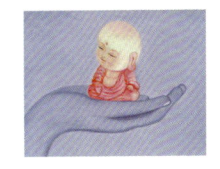

到她。这一炁可以通万，所有的生命都是一炁所生，你通了一炁就可以了解一切你想了解的生命动态。不行而知叫真知。不行、不见、不为，性融于命，命存于性，与道合真，叫知天下、见天道。不行、不见、不为叫真心现。

48. 心通

第四十八章　忘知

为学日益，为道日损，损之又损，以至于无为，无为而无不为矣。故取天下常以无事，及其有事，不足以取天下。

做学问的每天要增长知识也就增长了欲望，修道的人每天要减少知识也就减少了欲望，减了还要减，以至于达到无欲无为的境界，能够自然无为，才可以达到光显、神行无所不能的自然而为的境界。所以用无为才能与道同行，天人合一，用有为就不可能合道归真。

无为法是合道归真的唯一方法，老子在两千多年前传给尹喜的就是无为法。千奇百怪的门派、法术，易遇难成。无为法失传了千年，难遇易成。只有无为法才是真正的大道，简单、自然、无为。钟离权给吕洞宾传道时说，三千六百法门都是败坏大道的

旁门左道。无为法才能心通、神往而无不为，直到天人合一，返璞归真。无人无我叫损，心如死灰，内有性存。层层剥笋，剥到尽头，只有虚无一真性，修道至此，神妙莫测，变化无方，聚则有，散则无，想一就一，想万就万。

49. 德信

第四十九章　任德

圣人常无心，以百姓心为心。善者，吾善之，不善者吾亦善之，德善。信者，吾信之，不信者，吾亦信之，德信。圣人在天下，歙歙焉为天下浑其心，百姓皆注其耳目，圣人皆孩之。

圣人是无我的，循声救度，一个百姓说雾霾出现了，圣人听了这话夜里就去清理，第二天早晨雾霾散了，但能量付出过大，光是从眼睛里放出去的，暂时的阴阳失衡，眼睛疼得睁不开。善良的人，圣人以道光德能去育化他们；不善良的人，圣人也以道光德能去育化他们，这就叫德善，以德育其为善。有德之善，我之真灵不昧，静极而量弘，天地山川，无所不容，量弘则德重，如天之德，上德不见其德，叫德善。

信道的人我就回馈给他们生活中的事实，验证大道的存在；

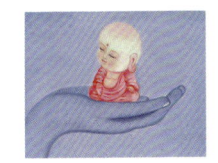

不信道的人们，我也给他们呈现大道存在的事实，这叫德信，以德育其为信。老子有亿万的分身，这些分身就是无形的圣人，圣人遍天下，为的是万物众生的本性能量充沛，使人心归于淳朴，圣人无形隐藏，以百姓的耳目为自己的耳目，圣人光临加持百姓，是可以把他们变成孩子，让他们回到生命之初婴儿般的柔软与极大的阴阳混一的生机力。

圣人无常心，真孩也，霹雳一声，虚空粉碎，飘飘荡荡，不知天地而我内有天地，不运五行而我自然转动，不知其身而真身见，不知其心而真心明。真身见，真心明，圣人物外之神，常心泯灭，即是成道。

50. 永生

第五十章　贵生
出生入死，生之徒十有三，死之徒十有三，人之生，动之死地者，亦十有三。夫何故？以其生生之厚。盖闻善摄生者，陵行不避兕虎，入军不被甲兵。兕无所投其角，虎无所措其爪，兵无所容其刃。夫何故？以其无死地。

人从出生到死亡，生死的关键是三生万物的三，生也因为三，

死也因为三，遇阳气而生者十有三，遇阴气而死者十有三，人纵情肆欲、不得善终的也是因为这个三。什么原因呢？因为人妄想长寿，人为地用了种种努力，结果竭精耗神，想长寿却更加早亡。有阴阳就有生死，只有返本从生万物的三回到阴阳二再返还到德一，才是绝死地。归一离三，不受阴阳制约就可以无生无死。人身外之真身，无生也无死。

听说有一种人是善于摄受生机能量的人，在丘陵上行走，不用回避犀牛和猛虎，在战场上也不用带兵器，犀牛不会用角顶他，老虎不会用爪子抓他，兵器也伤不到他，为什么会这样呢？因为他们是光，刀兵水火奈何不得，他们没有死亡。圣人炼性立命，聚则成形，散则成气，日月随我斡旋，风雷任其驱使，猛兽、兵器怎能伤害无形？只有无形者能制有形，有形怎会制约无形？

真正的贵生还要学习做圣人，俗人在肉身上的长生梦都破灭了，只有在心灵之光这个真身上下功夫，返回到生命本元的一上，大道的生机能量培养的光晕真身，永生不死，才是真正的贵生。

51. 玄德

第五十一章　养德

道生之，德畜之，物形之，势成之。是以万物

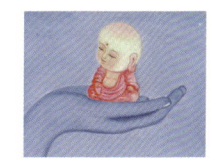

莫不尊道而贵德。道之尊，德之贵，夫莫之命而常
自然。故道生之，德畜之，长之，育之，成之，熟
之，养之，覆之。生而不有，为而不恃，长而不宰，
是谓玄德。

　　道生了万物，道是个虚无本体，德是道的用，道用德去化育
之，万物就形成了不同的形状，气势日渐充盈就长成了具体的物
质。万物因无而生，万物莫不尊道；万物本太和一炁而成，万物
莫不贵德。莫之命而常自然，命者，动也，静极而成道，自有命存。
道常出于自然，道自然火发而生之，若有以畜。我以自然之气，
内和太和而长之，畜清虚而育之，体静而成之，无为而熟之，不
动而养之，以气还元而覆之，故生而莫知其有，为而莫之可恃，
长而不见其形，叫不宰。道生育了万物，德养育了万物，道德使
万物成长，道德使万物发育，道德使万物壮大，道德使万物成熟，
道德使万物结果，道德使万物循环往复。生育了万物不占为己有，
养育了万物不居功自傲，不去主宰，不知道自己的伟大和高尚，
这就叫玄德。虚无之道、太和之德，杳杳冥冥，若有而不见其有；
空空洞洞，若存而不见其存，叫玄德。

　　道德生养万物，完全是自然无为的，做了伟大的贡献，自己
完全不知道。无为才能性往而作为，只有无为建的无形迹的德，
才是上德、玄德。只有上德、玄德才能进道。人不想不做，本性
元神天衣无缝地自动做。在心灵之光的层面，在无形的层面，把
有形的事情做好了。

52. 守母

第五十二章　归元

天下有始，以为天下母，既得其母，以知其子。
既知其子，复守其母，没身不殆。塞其兑，闭其门，
终身不勤；开其兑，济其事，终身不救。见小曰明，
守柔曰强，用其光，复归其明，无遗身殃，是为袭常。

万物都有起始，这个生命的本元是万物之母。能知晓万物之
母这个宇宙大元气，就能知道大元气所生的一切生命。这个大元
气是无穷尽的小光点，每个生命都是一个小光点。能守住这个生
命初始能量，就能跳出轮回。塞住贪欲的孔窍，关闭漏精气的通道，
欲望就会消失，获得永远的清净。如果打开欲望的闸门，在俗事
上消耗精气，就会精败炁衰，得不到解脱。观察事物如果能见微
细，就能看到慧光。能守柔，慧光就会变强，用这个光回光返照，
从此身体就不会再有毛病，内生之光与外来之光合一，就是入道。

修道就是知本、守本，以守本来守末。大元气是不生不灭、
至神至妙的，是天下万事万物生生不息之始气。大元气也叫灵性，
人的灵性从宇宙的大灵性分化出来，进入人的形体就称为性，人
的先天元神，这个性有定数，数尽则死。接通宇宙大元气，是在
此生的本性自救。性光生起，照见一切微小的东西叫明。守纯一
之中和，真阳发动，不参一意，久之自有浩气腾腾，叫守柔曰强。
袭指时时不闲，念念常存，须臾不离一炁，也就是开了玄关，天

地阴阳的自动运转发生在人体上。灵光闪现，化出一道光，一灵独耀于太空，才是真正的复归其母。

《道德经》中的
圣人

53. 守实

第五十三章　益证

使我介然有知，行于大道，唯施是畏。大道甚夷，而民好径，朝甚除，田甚芜，仓甚虚，服文彩，带利剑，厌饮食，资货有余，是为盗夸，非道也哉。

我从经验中得知，修大道唯恐走入邪路。大道是一条平常、平坦的路，修道的人却偏要复杂化，绞尽脑汁找捷径。朝政非常腐败，农田荒芜之极，仓库十分空虚，却穿着锦绣的衣服招摇过市，佩带着锋利的宝剑耀武扬威，饱食淫欲，搜刮占有富余的财货，这叫强盗，这不是道啊！

大道很简单，自然无为地生活，就是修道。可人们却搞出三千六百万个法门，败坏大道。这样的花样百出，就像一个昏君，田地荒了、仓库空了还在外表装富、装威风。这不是道，是以道的名义招摇撞骗。最后把自己搞得精败、气亡、神散，还耽误了想修道者的人生。路走对了，至简至易，路走错了，等着下辈子投胎再见。遇到难遇的无为法靠德性，成靠造化。

54. 建德

第五十四章　修观

善建者不拔，善抱着不脱，子孙以祭祀不辍。修之于身，其德乃真；修之于家，其德乃余；修之于乡，其德乃长；修之于邦，其德乃丰；修之于天下，其德乃普。故以身观身，以家观家，以乡观乡，以邦观邦，以天下观天下。吾何以知天下之然哉？以此。

　　善于建德的是玄关里那个看不见的无形的德，善于抱道的是像时间一样不会停止的阴阳律动，先天一炁这个能量，得之者九祖承恩，后代的子孙也享用不尽。以德修身，就能德化其身成就真身。真身修成了，一家人都受益。一个人听课，父母的三沟九洞也自然出现。真身修成了，所承载的令万物生的大磁场、正能量，使一个乡的百姓都跟着受益。真身修成了，德被一国，德就更丰富了。若能德被天下，天下万物无不在其德的哺育之中。

　　此身外之身，慧光朗映，一贯乾坤，天地悉归于我，我还天地。所以，以我身，观身外之身；我之虚，观虚空之室；我之性，观虚白之性；我之神，观湛寂之神；我之慧，观混沌天然之慧。吾何以知天下之道，不过一性？无非尽性以至于命，返命而复归于性，这就是常真常存之道，即德被四方而知天下。

　　所以，得道的人就能从自己身上看到他人的情况，从自己的

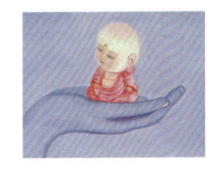

家看到别人家的情况，从自己的乡就能看到别的乡的情况，从自己的国家就能明白别国的国情，从现在的天下就能知其未来。我能知道天下的事，就是根据上述道理。

人无为建德，以德来育化一乡的万物，所反馈回来的良性信息，就使你的德长大，当你的德能丰厚到可以育化天下了，你的德就无量了，你就是可以承载大道的道器了。

55. 真常

第五十五章　玄符

含德之厚，比于赤子，毒虫不螫，猛兽不据，攫鸟不搏，骨弱筋柔而握固，未知牝牡之合而朘作，精之至也。终日号而不嗄，和之至也，知和曰常，知常曰明，益生曰祥，心使气曰强。物壮则老，是谓不道，不道早已。

含德之厚者就像个孩子一样质朴、天真，像毒蛇一样的七情六欲不能侵蚀到他，像猛兽一样的邪魔不能干扰他，像恶神一样飞来的横祸也不能伤到他。他骨弱筋柔是因为他固守着道，不知道阴阳交合而自然元精充盈。整天地哭嗓子也不哑，因为他有和气的支持。和气就是先天一炁大道能量，也叫德一元气。

知道这个就是知道真常之道，知道了真道就会放光，这是生命中的最大利益。如果用人心强迫就不是和气，万物因为壮盛就走向衰老，有为强迫的就不是道，只有无为才是道，不合道，怎么能长生呢？

简单、自然、纯真的人，含的德厚重，他这一世成道的条件已经成熟，就像卤水点豆腐，一点就成。学习无为法，只是领悟生命本元，守母不是人守的，是悟了本心本性，本性之母的宇宙大元气就不会离开你了，自然而然，法身育成。能做一个自然、纯真的人，这是多劫积累的德性、慧性。只有无为生命之光才会自动成长，才会得长生之体。有为法只是锻炼身体，不是修道。

56. 法身

第五十六章　玄德

知者不言，言者不知。塞其兑，闭其门，挫其锐，解其纷，和其光，同其尘，是为玄同。故不可得而亲，不可得而疏，不可得而利，不可得而害，不可得而贵，不可得而贱，故为天下贵。

知道怎样修行的人是无形的圣人法身，法身无形无言。能说的是人，无法真正知道修道，即使是法身修成的人，也难以知道

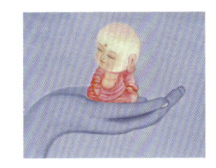

法身是如何行道的。德能量塞住贪欲的孔窍，关闭漏精气的通道，削弱多余的棱角，超脱纠纷，把自身的金光隐含在万物中，这就是玄妙的同化。所以，不要因为得了德一元炁，或者亲密，或者疏离，或者觉得是利益，或者以为是害处，或者以为很尊贵，或者以为很卑贱，无心无意，一切都顺其自然，这才是身心返璞归真的关键。

无贪无求、知止知辱。过分亲昵，亲之意存就落入有为；过分远离它，没有德一能量这个物质成分，就入于顽空；不能利用它，利用贪得，反伤本元；不能糟蹋它，害之欲得，反枯其精；不能过分尊贵它，贵之骄心生，终不能成；也不能看不起它，贱之退心起，空闻至道。闻道者，不亲而亲，疏而不疏，不利而得，害而不害，不贵而贵，贱而不贱，这样才是天下贵，才叫"知者不言"之至道。

57. 无事

第五十七章　淳风

以正治国，以奇用兵，以无事取天下。吾何以知其然哉？以此。天下多忌讳，而民弥贫，人多利器，国家滋昏，人多伎巧，奇物滋起，法令滋彰，盗贼多有。故圣人云：我无为而民自化，我好静而民自正，

073

我无事而民自富，我无欲而民自朴。

　　只有先天一炁大道能量，才是正能量。后天意识淡化，先天自然本心做主，正心才会接受正气，正气才能修身。无念则气淳，无处不贯通；去掉杂念，无为治身。修道和干世间的事情很不一样，世间的方式是干一件事就要忙乎。而修道是不忙乎，是放下忙乎的心，清静悠闲下来。我怎么知道这个道理呢，依据如下：太上真道，只是一个静字。后世人的花样就太多了，世人讹传，误人多多。用人为的意念操作，气不仅不生，反而气绝，人更亏气。人有很多招数，以意念搬弄，好像有效果，殊不知这是取死之道。一套一套的功法，意念的搬弄更加膨胀。如此行久，精耗而真一炁散。后天意识的体是阴神鬼魄，后天意识是鬼魄阴气黑烟的用，越用越消耗仅有的阳气，还把身上弄得遍体阴气。

　　我能无为，老天的正能量自然来到我身，我不做什么事情，我的身体反而像巨富。我没有欲望，身体自然返璞归真。悠闲清静就是自然本心的状态，在这种状态下，本心会自动地内调、外采，建德、育性，自生、自化。所以，无为、无事、无欲、好静，是法身成就的必需，否则，任何有为，法身都将成为梦幻泡影。

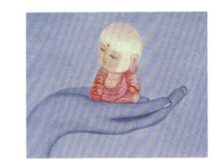

58. 不耀

第五十八章　顺化

其政闷闷，其民淳淳；其政察察，其民缺缺。祸兮福所倚，福兮祸所伏。孰知其极？其无正也？正复为奇，善复为妖，人之所迷，其日固久矣。是以圣人方而不割，廉而不刿，直而不肆，光而不耀。

治理身国，越是混混沌沌的无心状态，身体得的高能量越多；越是心思缜密，用尽心机，身体就越亏元气。福祸是相伴而生的，福中藏着祸，也可以因祸得福。谁知道这里面的极点转折在哪里？是因为没有正气吗？是人用了人心，用了意守，正气也变成了邪气，好人也变成了妖怪。用贪心捣鼓能量，引来低维空间的动物灵入住，人还很迷恋自己有了神通，并且长时间地用神通到处去骗人。其实，那是邪灵的神通，不是自己的。没有能量人还是个人，贪心下有了能量，已经堕落为妖怪，连人都不是了。

所以古代修道圣人，志坚没有丝毫动摇叫方而不割。清静廉洁，而不刿。刿，割碎；不刿是我成一片不能分，直立不斜不放逸。性光生于内，收藏幽密不外耀。圣人持道超越二元，福祸、正邪、善恶都害不到。

59. 积德

第五十九章　守道

治人事天，莫若啬。夫唯啬，是谓早服，早服谓之重积德，重积德则无不克。无不克则莫知其极，莫知其极，可以有国，有国之母，可以长久，是谓深根固蒂，长生久视之道。

治人指治己之神，纯一不杂，远离思虑，心死意亡，内宅清静，神魂守舍，铅汞交加，听其天然，周旋于内，身与天同，气合日月，运用也是周天之度，身形皆同湛寂之体，这就是治人。虚之至，包罗万象，叫事天。治人事天就是个啬字，啬，俭也。俭则妄念不生，妄念绝而心死，则不耗其气也。返复元阳，不耗真一，叫重积德。静极真一之炁自投，真一之炁来投，就是有母。有母方能生化，听其自生自化，生化之机，玄妙无穷，而道久矣。

修天人合一之道，只有依靠自然本心本性，才能够尽早地得道。早早合道就必须重积德，德积累厚了就可以无往而不胜。龙行雨施，德龙施展，无边无际。德承载着光晕身，通有入无，替天行道。这叫人在天上的根扎牢固了，所以才会长生的道理。

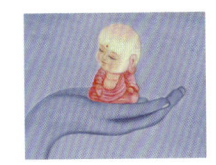

《道德经》中的
圣人

60. 和谐

第六十章　居位

治大国若烹小鲜，以道莅天下，其鬼不神，非其鬼不神，其神不伤人。非其神不伤人，圣人亦不伤人。夫两不相伤，故德交归焉。

用先天一炁这个大道能量修身的话，就像治理一个大的国家，如炒一盘小海鲜那么容易。"其鬼不神"，我无心而鬼难测，所以鬼不神。"其神不伤人"，神，虚也；虚空为实，灵灵为神，所以不伤人。杳冥湛寂之中，神不知为神，我亦不知为我，所以"非其神不伤人"。圣人以无心立脚，从无意下手，心意窈然，所以圣人不能伤人。至道至德，交感为一，同归于无极。治身之要，虚空见矣，所以德交归焉。无为之道，是人固有之天真，生生不已之灵气，靠一颗至诚的心，无形无相，虽有造化，实无存亡，当然不会伤人。

对待万物都要顺其自然，和谐无伤，他们才会敬重你。这种良性的信息就会增长你的德性，虚无的本性有了德，成为有德之性，就是在建造道器，反馈的良性信息越大，道器就造得越大，大器做了大功德，才能成就正果。

61. 处下

第六十一章　谦德

大国者下流，天下之交，会天下之牝。牝常以静胜牡，以静为下。故大国以下小国，则取小国；小国以下大国，则取于大国。故或下以取，或下而取。大国不过欲兼畜人，小国不过欲入事人。夫两者各得其所欲，故大者宜为下。

大德者谦卑处下，用德养育天下众生，是养育万物之母。其母常以无为的虚静，以柔软的德能量承载万物。所以大德者能在养育万物中获得良性信息的反馈，以此建德；万物恭敬、感谢大德，就得到了大德的哺育。所以，不管是大德养育的万物，还是万物得到了养育，大德不过是想养育众生，众生不过是想得到养育，这两者都各得其所，所以，大德者用谦卑的态度最好。大德不谦卑，法身就无法施德。众生不恭敬，就得不到道德的养育。

有德而不自居，本性才能成长，德而性往，德被四方，谦卑是法身做功的必备品质。

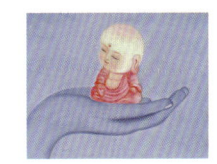

62. 免罪

第六十二章　为道

道者，万物之奥，善人之宝，不善人之所保。美言可以市尊，美行可以加人。人之不善，何弃之有？故立天子，置三公，虽有拱璧以先驷马，不如坐进此道。古之所以贵此道者何？不曰：以求得有罪以免耶？故为天下贵。

道化育万物，修道的人获得道的庇护，不修道的人也被道庇护。美好的言语可以换来世俗的尊重，正直的行为可以让人效仿。不善的人，大道也是不会抛弃他们的。所以在天子即位、设置三公的时候，虽然有拱璧在先、驷马在后的献礼仪式，这样去巴结达官贵人，不如把道进献给他们。自古以来，人们所以把道看得这样宝贵，不正是由于道的庇护可以免罪吗？所以天下人才如此珍视道。

这一章讲的是修道消业，业是人历劫所犯的错误，得道者已经建立了大德，以德去养育万物。曾经伤害过的灵性得到了哺育，消除了怨恨，这就是修道为什么可以免罪的原理。业是阴气黑烟，靠道光去融化。道光德能可以在本因上化阴。

63. 恬淡

第六十三章　恩始

为无为，事无事，味无味。大小多少，报怨以德。图难于其易，为大于其细，天下难事，必作于易，天下大事，必作于细。是以圣人终不为大，故能成其大。夫轻诺必寡信，多易必多难，是以圣人犹难之，故终无难。

以无为的态度去作事，以无事的方法去处理事物，以恬淡无味当作有味。一点一滴地慢慢积累，从少到多越做越多，哪怕是伤害自己的也施与德能量。天下的难事，从简易做起；天下的大事，从细微处做起。因此，圣人始终不贪图大贡献，所以才能做成大事。那些轻易发出诺言的，必定很少能够兑现；把事情看得太容易，势必遭受很多困难。因为有道的圣人总是看重困难，所以就始终没有困难了。

自然无为、清静无事、恬淡无味，以小为大，以少为多，以德报怨。处难于易，为大于细。这是圣人法身的风格，修道者必须遵守的法则，也是成真需要的人格特征。人的思想言行要主动去配合法身，而不是一边要成道，一边用不良的人格拖法身的后腿，隐显不能和谐为一。

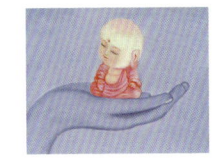

64. 无执

第六十四章　守微

其安易持，其未兆易谋，其脆易泮，其微易散。为之于未有，治之于未乱。合抱之木，生于毫末；九层之台，起于累土；千里之行，始于足下。为者败之，执者失之。是以圣人无为故无败，无执故无失。民之从事，常于几成而败之。慎终如始，则无败事。是以圣人欲不欲，不贵难得之货，学不学，复众人之所过，以辅万物之自然而不敢为。

事物安静时容易把持，事物没有出现迹象时容易校正，事物脆弱时容易消解，事物细微时容易散失。做事情要在它尚未发生以前就处理妥当；治理国政，要在祸乱没有产生以前就早做准备。合抱的大树，生长于细小的萌芽；九层的高台，是一筐一筐的土筑起来的；千里的远行，是从脚下第一步开始走出来的。有为会招致失败，执着有为就是失去道德。因此圣人无为就不会失败，没有执着就不会受到伤害。人们做事情，总是在快要成功时失败，当事情快要完成的时候，也要像开始时那样慎重，就没有办不成的事情。因此，有道的圣人追求人所不追求的，不稀罕难得的货物，学习别人所不学习的，补救众人所犯的过失，辅助万物自然而然地生化，不加干涉。

事物在无形的状态就把握好了；事物从小到大是自然规律，

圣人因无为才取得成功；人做事半途而废，因为神不守舍，走神
了事情才失败。怎样才能做好呢？让本性神去做，人做到无欲、
质朴、无为静观就好了。

65. 大情

第六十五章　淳德

古之善为道者，非以明民，将以愚之。民之难治，以其智多。故以智治国国之贼，不以智治国国之福。知此两者亦楷式，常知楷式，是谓玄德。玄德深矣、远矣，与物反矣，然后乃至于大顺。

古代善于修道的人，不是让自己变得智巧伪诈，而是让自己淳厚朴实。人心难治理，是因为有太多的智巧心机。用智巧心机修道，就必然成为妖魔鬼怪，不用智巧心机修道，才能成功。能了解这两种方式的利弊，找到修行唯一正确的方法，以本性修炼身心，常守此法则，那就能建玄德了。玄德又深又远，是无形的德能量，可以逆行而成道。天地万物，皆从顺生，惟道逆之，叫与物反矣。这样才会至于大顺，从逆而顺，从顺而生，复返于逆，归于太玄，入于上清，保气太和，混沌之体，叫乃至于大顺。

排除一切低级的智能，而是用大智慧的本性能量修道。让本性能量无为自然去建德，才能入无为大道。纯真、质朴、自然才能修无为法。

66. 大我

第六十六章　后己

江海所以能为百谷王者，以其善下之，故能为百谷王，是以欲上民，必以言下之；欲先民，必以身后之。是以圣人处上而民不重，处前而民不害。是以天下乐推而不厌，以其不争，故天下莫能与之争。

江海所以能够成为百川河流所汇往的地方，是由于它善于处在低下的地方，所以能够成为百川之王。因此，圣人要想受到人民的爱戴，就应该效法江海，以谦逊的言辞关怀他们。要想领导人民，就必须把自己的利益放在他们的后面。所以，圣人虽然处在被崇拜的位置，人们并不感到有压力；为人师表，而人民并不感到害怕。天下的人们都乐意拥戴他而不厌倦他，因为他不与人们相争，所以天下没有人能和他相争。

江海处下才能汇集百川，圣人谦卑才能养育众生。道不是小我能成的，只有大我，为众生奉献，众生的良性信息反馈，你才

能建立功德。你要盛气凌人地对待众生，众生不会理睬你，你必须谦卑才行。就像你拿着黄金送人，你还要谦卑才送得出去，虽然你奉献了，但是众生在受益的过程中，也成就了你。

67. 慈悲

第六十七章　三宝

天下皆谓我大，似不肖。夫唯大，故似不肖，若肖，久矣其细也夫。我有三宝，持而保之：一曰慈，二曰俭，三曰不敢为天下先。慈故能勇，俭故能广，不敢为天下先，故能成器长。今舍慈且勇，舍俭且广，舍后且先，死矣。夫慈，以战则胜，以守则固，天将救之，以慈卫之。

道是天下老大，但是没有什么形象可以概括道。正因为它太大了，所以才没有什么可以形容它的形象。如果要用任何一个具体的事物来形容它，那只是局部的一点点。　我有三件法宝执守而且保全它：第一件叫做慈爱；第二件叫做俭啬；第三件是不敢为天下先。慈是养性，性定气和，谨慎笃厚，内和其光，外敛其形，内外贞白，叫慈。俭就是节约心思，涵养元神，慎举动，省思虑，百体归一，俭才能广。俭德为怀，愈俭愈广博。

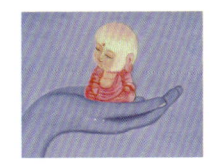

有了慈所以能勇武；有了俭所以能无量；不敢为天下先，所以能谦卑处下不争，所以能成承载道德能量的大器。当今的人丢弃了慈只追求勇武，丢弃了俭只追求无量，舍弃不争却想成为道器，这都是妄想。用慈爱来排除干扰信号，就可以使其臣服，用慈来内守，精气神就会旺盛。天要拯救谁，就用慈来保护他。

三宝中慈是来自本性，具有浩然正气所育之大情，天地万物都能和它感应。慈且勇能无为进入无形，战能胜，守能固，所以是三宝中最重要的。

68. 不怒

第六十八章　配天

善为士者不武，善战者不怒，善胜敌者不争，善用人者为之下。是为不争之德，是为用人之力，是谓配天，古之极。

善于统帅众生力量的修行者，不去强制他们；善于排除外界干扰的修道者，用慈不用怒；善于胜敌者，不与敌人正面冲突而内守；善于借用他人助己修道者，对人谦卑。这就是不争而得德。这是善用他人之力成己之真的道理，既合乎天道，也是古人传下来的修行妙诀。

修行中必须做到不武、不怒、不争。武、怒、争形成对立，得不到万物的助修，不能与天地的大慈大悲共振，对修行半点好处也没有。处下谦卑，众生的感恩就能助你成真，不争而得德。

69. 无行

第六十九章　玄用

用兵有言："吾不敢为主而为客，不敢进寸而退尺。"是谓行无行，攘无臂，扔无敌，执无兵。祸莫大于轻敌，轻敌几丧吾宝。故抗兵相加，哀者胜矣。

用兵的人曾经这样说："我不敢主动进攻，而采取守势；不敢前进一步，而宁可后退一尺。"当遇到事情时，领悟事情的内涵，不要动人心，看天意。不要冒进，退隐避让，法身自会去处理。有形的事情是无形的干扰，本性自动会遵循道的原则去作为，正确处理那些干扰。这就叫做行无行，不用动拳脚，看不到对方，也不使用兵器。

祸患再没有比轻敌更大的了，轻敌几乎丧失了我的宝贝。所以，两军相对的时候，总是慈悲的一方获胜，天地的能量就是大慈大悲，人慈悲就会得到天助。

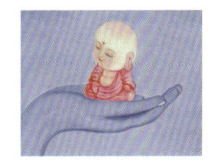

修行当中，遇到问题，人心要退位内守，本性元神会依循道的法则无形中去行道。元神会以慈悲转化干扰，使事物向相反的方向转化，变干扰为助力。不用焦虑，不用动武，一切行于慈悲，运作于无形。如果用人心处理，一定左右都是错的。人心的假慈悲，不能消除对立，助长邪恶，无形的干扰就会更大，人心的争斗也就无法消除干扰。只有无为法的大慈悲，才能战必胜。

70. 本元

第七十章　知难

吾言甚易知，甚易行，天下莫能知，莫能行。言有宗，事有君。夫唯无知，是以不我知也。知我者希，则我者贵。是以圣人被褐怀玉。

我的话很容易理解，很容易施行。但是天下人竟然不能了解我的话的真实含义，也不能照着做。用语言描述的万事万物的根源，是万事万物的主宰。人们不了解这个道理，所以对道就不可能了解。真正了解道的人很少，能守道而做的人就更少，所以道就显得更难能可贵了。只有圣人，虚怀若谷，怀中抱守着珍贵的道。

知道本元，认识道体，才会理通法随，循道而修，最终能被褐怀玉。能具备圣人的品格，在生活中有事实的验证，才是可行

之正路。人品做不到位，大信真心出不来，几个玄境不能算数。

71. 不知

第七十一章　知病

知不知，上；不知知，病。夫唯病病，是以不病。圣人之不病也，以其病病，是以不病。

道像时间一样没有尽头，一个得道的人，总是说自己还没得，他就会接着得更大的道。而没得道的，看到某个玄象，就说自己得道了。唯有虚怀若谷怀道者，才不会犯这个错误。圣人不犯这个错误，因为圣人寡欲怀空而涵道，所以不会犯这样的错误。

修道者是不是做到了没有贪欲，寡欲怀空？做到了就会自然、淳朴、纯真，用这样的本心合道。有所求心必生欲望，欲望不除就会丧失天真、本性。凡是自然简单的人，学了无为法，进步神速，三年养育圣人可以无为无不为了，而欲心重的，本性被遮盖，虽然也有变化，但是不能真显。欲命无欲，正德无量。什么要解脱，什么要成佛，这都是更大的人心贪欲，这些妨碍大道能量和本性链接，去掉，自然才是正路。

上等的功法，上等大根器的人，都是无为，什么也不知道而

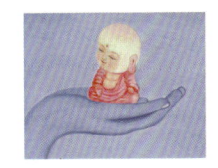

达到很高的境界。因为真道就是自然，真自然的人就是活道，本真地活在先天境界的自然人。这就是真知不知，我们每个人的元神就是真知不知。元神无语却明镜无尘，物来毕照，智而若愚，一灵炯炯，照彻三千大千世界。上乘、上等的是知不知的元神，下等、病态的是后天意识心。

72. 自爱

第七十二章　爱己

民不畏威，则大威至矣。无狭其所居，无厌其所生。夫唯不厌，是以不厌。是以圣人自知不自见，自爱不自贵，故去彼取此。

人们不畏惧你的威严，你将会有更大的威信。不要限制人们的居住环境，不要干涉人们的生存活动。只有你不干涉，人们才不会厌恶你。所以，圣人有自知之明，但是没有我执的偏见，圣人自爱，却谦卑，不以为自己高人一等，所以，要自知、自爱，不要自见、自贵。

至道无使，至玄无用，冥然自生自化，不用有为，虚灵至极，明心见性，先天自生，流贯天下，意不使，心不用，至宝不畏其威，才叫大威至。自然就是元神，元神居广大虚无世界，识神居感官

有形世界之狭小。人要修道，元神做主，只有一无所知，一无所有，元神才会显现，妙灵自生。

身心无干扰，才会轻松自然。无为法连打坐也不会，任何着相的事情也不做，就是简单地生活，没有任何强迫身心紧张的东西，这样身心才会自生自化，才会合道、得道。

73. 自动

第七十三章　任为

勇于敢则杀，勇于不敢则活。此两者，或利或害。天之所恶，孰知其故？是以圣人犹难之。天之道，不争而善胜，不言而善应，不召而自来，繟然而善谋。天网恢恢，疏而不失。

勇敢又莽撞，就会受到道的惩罚；勇敢而谨慎，就会受到道的保护。这两种情况，有利有害。道所厌恶的，谁知道是什么吗？圣人也难以知道。圣人体天合道，清虚混元，与天道相亲相近，但即使是圣人对天道之玄微，也感到莫测，何况一般的人。天道是不争，反而取胜，不用说而能感应，不用招揽，自动会来的，柔和的大道，自然在运作。天道就像一张大网，虽然无形，但是什么也不会疏漏。

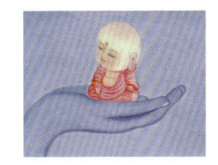

成功的事情是缘分具足了，自然而来，是天道的呈现。事情失败了，勉强不来，因为缘分还不足。只有顺其自然悟天道，看老天自然呈现的是什么，顺水推舟，而不需要人为的纠结、较劲。任何人的功过都在道的监控下，如果违背了道的法则胡作非为，想逃避道的惩罚，那是妄想。

74. 损德

第七十四章　制惑

民不畏死，奈何以死惧之？若使民常畏死，而为奇者，吾得执而杀之，孰敢？常有司杀者杀。夫代司杀者杀，是代大匠斫，夫代大匠斫者，希有不伤其手者矣。

人们不畏惧死的时候，怎么能用死来吓唬他们呢？假如能使人们总是畏惧死亡的话，对于为非作歹的人，我们就把他抓来杀掉，那么谁还敢为非作歹？天道中设有专门负责诛杀的使者，若是有人代替了使者司杀，就是代替大道而胡乱杀人，凡是代替大道砍杀的，很少有不损德的。

万物、众生都是道所生，德所养，其死的权利也是由道的司杀特使主宰的，该死的老天自然会灭他，不用你去司杀。如果用

法术去屠灵，你自己的德灵必然付出代价，损德就会招来灾难和报应，以随意剥夺他人的性命为享受，德会损之又损，负债累累。

75. 贵生

第七十五章　贪损

民之饥，以其上食税之多也，是以饥。民之难治，以其上之有为也，是以难治。民之轻死，以其上求生之厚也，是以轻死。夫唯无以生为者，是贤于贵生。

人们饥是因为爱身，贪好五味，一心贪求，所以饥，是识神的贪心造成的。人心识神很难降服，是因为它总是有为。人们容易死，是因为求生过切，日费其思，遂耗其阳，日渐一日，是在慢性自杀。人身存在多久，是先天无限之命决定的，贵后天有限之生的各种努力，都是让人身加速消亡的根本。唯有忘我无为者，才是最明智的真爱生命。一心内固，无欲无为，不求生而固道，道存才会不死，才是贵生。

有为、欲望、轻死都是因为识神在作怪，人心一动，磁场就是混乱的，就会引来外界灵性生命能量的干扰，搞得你的心灵焦头烂额，心灵是自动化的主体，心乱了，自动、自生、自化的人体自然能量场被破坏了。所以修道，必须要无为、无欲，识神真

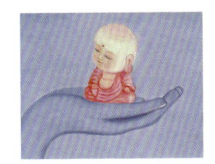

正退位。

76. 柔弱

第七十六章　戒强

人之生也柔弱，其死也坚强。草木之生也柔脆，
其死也枯槁。故坚强者死之徒，柔弱者生之徒。是
以兵强则灭，木强则折。坚强处下，柔弱处上。

　　人活着的时候筋骨是柔软的，死了以后身体就变得僵硬。草
木活着的时候也是柔软脆弱的，死后就变得干硬枯槁了。所以僵
硬的东西是死气，柔弱的东西是活气。柔弱者，外能保身，内能
炼神。坚刚者，外能招致杀身之祸，内能令自己的神窒息。人若
无为，忘心灰意，听其天然，不假修为，道自混元，叫"其生也
柔弱"。

　　修行者要是持强，身心就不能自然，本心本性就不能显而自
为，也会丧失众生的助修，就不能获得修行的成功。所以，强大
了属于死的东西，道就会抑制它；柔弱了属于活的东西，道就会
扶持它。

　　戒强持柔，大道是最柔和的生机能量，大道总是抑强扶弱，
所以修道者就要舍刚守柔。自然无为，得到道的扶持，才能修有

《道德经》中的
圣人　所成。

77. 无我

第七十七章　天道

天之道，其犹张弓欤？高者抑之，下者举之，有余者损之，不足者补之。天之道，损有余而补不足；人之道则不然，损不足以奉有余。孰能以有余奉天下？唯有道者。是以圣人为而不恃，功成而不处，其不欲见贤。

天道的法则，不是很像张弓射箭吗？弦拉高了就把它压低一些，低了就把它举高一些，拉得过满了就把它放松一些，拉得不足了就把它补充一些。天道的法则是减少有余的补给不足的。可是社会的法则却不是这样，要减少不足的，来奉献给有余的人。那么，谁能够减少有余的，以补给天下人的不足呢？只有道才可以做到。因此，圣人为众生奉献，却不认为自己尽力了，成功了而不居功，圣人从来不炫耀自己的贤能。

天之道，损有余而补不足，所以要守中和之道。万物都是道所生、德所养，一切取之于天地的最终还要返还于道。成绩、功劳都是大道的显现，人不过是大道手中的木偶。看明白了就会无

094

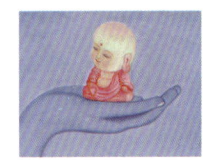

我、不骄傲。学做圣人的品格，不自逞，不自恃其有余，功成不自居，不争处下。

78. 水德

第七十八章　任信

天下莫柔弱于水，而攻坚强者莫之能胜，以其无以易之。故柔胜刚，弱胜强，天下莫不知，莫能行。是以圣人云："受国之垢，是为社稷主；受国之不祥，是为天下王。"正言若反。

遍天下再没有什么东西比水更柔弱了，而攻坚克强却没有什么东西可以胜过水。弱胜过强，柔胜过刚，遍天下没有人不知道，但是没有人能实行。所以圣人说："谁能接纳来自多方面的信息，谁就可以成为他们的领导者。谁能承受和处理好磨难，谁就会成为圣人。"正面的话好像在反说一样。

水性比喻的是自性，接纳万物不推辞，德育他们，承受种种磨难，功高德厚不自居。天下人是后天意识主事，所以做不到。圣人是自性自动运行，所以修道就是要学习圣人，虚怀若谷，坚心守道，一切交给自然本性。

79. 厚德

第七十九　任契

和大怨，必有余怨，安可以为善？是以圣人执左契，而不责于人。故有德司契，无德司彻，天道无亲，常与善人。

和解深重的怨恨，必然还会留下残余的怨恨，这怎么算是妥善的办法呢？因此，圣人修己，无偏无斜，执左契，责己不责人，与天地一般大，叫有德司契。无德之人，重外轻内，恩怨计较。司彻是掌管税收，聚敛索取。无德司彻，不与上天同德，所以司彻。圣人没有亲疏之别，永远帮助有德的善人。

无论别人喜欢我、怨恨我，都以德回应。抱怨以德，怨来自能量匮乏，给了能量缺失的一方，把他报怨的根就铲除了。当他的能量被补充了，他的神自然会感激你。他的感激反过来增长了你的德。所以，喜欢不喜欢你的，你都能秉持善这一种方法对待，都会积累你的厚德，你的心神才会有道力。

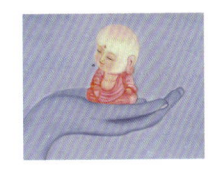

80. 养神

第八十章　独立

小国寡民，使有什伯之器而不用，使民重死而不远徙。虽有舟舆，无所乘之；虽有甲兵，无所陈之，使民复结绳而用之。甘其食，美其服，安其居，乐其俗。邻国相望，鸡犬之声相闻，民至老死不相往来。

人的本性性体很小的时候，一定要管住人心，不要用各种法术强迫他，比如意守顶门，念个咒语把他逼出来，那都是错的。即使有各种各样法术也不能使用，要格外注意安全别走远了。虽然有船只车辆，却不要乘坐；虽然有武器装备，却不要布阵打仗；要使幼神处于纯真、质朴、自然的状态，好像回复到远古结绳记事的自然状态之中。幼神食用的是玉液琼浆，吃得香甜，穿得漂亮，住得安适，过得快乐。养神的时候，贵于单独，尽量和外界少往来。因为幼神的磁场必须至清至纯，外人会带来不干净的信息，幼神的光很容易被打散。

81. 本性

第八十一章　显质

信言不美，美言不信。善者不辩，辩者不善。知者不博，博者不知。圣人不积，既以为人己愈有，既以与人己愈多。天之道，利而不害；圣人之道，为而不争。

真话质朴没有华丽的辞藻，辞藻华丽的话不是真话。有德的人不巧辩，矫情的人一定不善。真正得道的人不卖弄，卖弄的人一定没得道。圣人虚怀若谷，无为地帮助别人，越付出就越得到。天道总是利益万物，而不伤害他们。圣人的准则是，帮助别人，不与人争功。

走心的话是从本性出来的，所以有大信。走心画的画是从本性出来的，所以带大道元气。得道的人说的话，句句是真，立刻可以体验话中的真实能量。辞藻华丽，说一句话，堆了一大堆的形容词，半天不知道他说的重点是什么。这些粉饰的美言失去了真性而无德。这样的书在中国几百万册地畅销，真是国民的文化悲哀。但愿这本在本心本性上解读老子的书，能抚平这一悲哀。